Kauderwelsch
Band 116

Impressum

Raoul J. Niklas Weiss
Elsässisch – die Sprache der Alemannen
erschienen im
Reise Know-How Verlag Peter Rump GmbH
Osnabrücker Str. 79, D-33649 Bielefeld
info@reise-know-how.de

2. Auflage 2020

Bearbeitung & Layout Kerstin Belz
Layout-Konzept Günter Pawlak, FaktorZwo! Bielefeld
Umschlag Patrick Haase
Kartographie Iain Macneish
Illustrationen Andreas Hancock
Druck und Bindung Himmer GmbH Druckerei & Verlag, Augsburg

ISBN 978-3-8317-6558-4
Printed in Germany

Wer im Buchhandel kein Glück hat, bekommt unsere Bücher auch direkt über unseren Internet-Shop:
www.reise-know-how.de

Der Verlag möchte die **Reihe Kauderwelsch** weiter ausbauen und **sucht Autoren!** Mehr Informationen finden Sie unter ***www.reise-know-how.de/de/verlag/mitarbeit***

Kauderwelsch

Raoul J. Niklas Weiss

Elsässisch

die Sprache der Alemannen

Kauderwelsch „Dialekt“ heißt:

- Schnell mit dem **Sprechen** beginnen, auch wenn nicht immer alles korrekt ist.
- das Kauderwelsch der alteingesessenen Bewohner vor Ort mit all seinen fremdartig und zuweilen lustig klingenden Lauten und Ausdrücken wirklich verstehen, und sich in **die Lebensart, das Lebensgefühl, die Lebensphilosophie** der Menschen vor Ort einzufühlen. Denn ein Dialekt ist nie nur eine andere Art zu sprechen, sondern Ausdruck einer anderen Art zu denken, fühlen, genießen, leben und zu lieben.
- Es geht um die **Alltagssprache,** also das, was man tatsächlich auf der Straße hört.
- Die **Autorinnen und Autoren** werden Sie immer wieder zum Schmunzeln bringen und auf unterhaltsame Weise die Mentalität und und das Lebensgefühl des jeweiligen Sprachraums vermitteln.

Kauderwelsch-Dialektführer sind keine Lehrbücher, aber viel mehr als traditionelle Reisesprachführer. Es erwarten Sie sprachliche Leckerbissen, gespickt mit **umgangssprachlichen Floskeln, Redewendungen und lockeren Sprüchen,** die den Mutterwitz der Bewohner charakterisieren.

Talk to each other!

Kauderwelsch und noch viel mehr:

www.reise-know-how.de

- **Immer** und **überall** bequem in unserem Shop einkaufen
- Mit **Smartphone, Tablet** und **Computer** die passenden Reisebücher und Landkarten finden
- **Downloads** von Büchern, Landkarten und Audioprodukten
- Alle **Verlagsprodukte** und **Erscheinungstermine** auf einen Klick
- **Online** vorab in den Büchern **blättern**
- Kostenlos **Informationen, Updates** und **Downloads** zu weltweiten Reisezielen abrufen
- **Newsletter** anschauen und abonnieren
- Ausführliche **Länderinformationen** zu fast allen Reisezielen

Inhalt

9 Vorwort
11 Zur Schreibung des Dialektes
13 Elsässisch, Deutsch & Französisch

Einführung

15 Zur Sprache
18 Wo redet man Elsässisch?
20 *Karte des elsässischen Sprachgebiets*
21 Wer redet Elsässisch?
22 Fremdsprachliche Einflüsse
26 Im Süden, im Norden – eine Sprache!
27 Aussprache & Betonung
33 Ihr wìssa jo wås ich mein ... – Elsässische Grammatik

Im Gespräch

45 Vå wo sinn'r? – Deutsch - Elsässische Missverständnisse
49 Buschur! Orwuar! – Das erste Gespräch
52 Fåmìlja ùn Gsellschåft –Die liebe Verwandtschaft
55 Dess Johr ùn gescht – Zeitbegriffe
56 A hålb Pfùnd Gogùmmra, wenn's baliabt – Einkaufen
57 Gæld rejiart d' Wælt – Rund ums liebe Geld
58 Daheimsìn – Heim & Herd
60 Güll'r, Greissa, Græssa – Aus der elsässischen Tierwelt

Inhalt

62 Flåmmküacha ùn Sürkrütt – Fresskultur Elsass
67 Dü groossårtig'r Preïss, dü!
– Einschätzen & Beurteilen
75 Ùn jetz schweiningla m'r a bissla!
– Zwischenmenschliches
79 Vùn Schnüppa bìs Rånzaweh – Krank sein
81 Zeines od'r Tschent'lmån
– Elsässische Unterwelt
83 Dìtsch od'r Frånzeesch? – Sprachabwechslung
87 Ådvokåt od'r Anwalt? – Fremdwortkultur
89 Åchtung! Preïssa! – Die Preußen kommen!
90 Witt vå Colm'r
– Colmardeutsch und andere Mundarten
93 Krütt ùn Krütt – Elsässische Weisheit
97 Frånzeesch – Lokalfranzösisch

Anhang

100 Einige Ortsnamen
101 Wer ist wer?
102 Literaturempfehlungen
104 Wörterliste
112 Der Autor

Preïss od´r Wælsch´r?

Vorwort

Das Elsass ist bekanntermaßen ein sehr touristisches Land. Von den ca. 14 Millionen Touristen, die jährlich die Region besuchen, sind die meisten Deutschsprechende aus Deutschland, Österreich und der Schweiz. Dazu kommen viele Holländer, und zwar nicht nur Bustouristen, die übers Wochenende eine billige Sauerkraut- und Rieslingkur „in Frankreich" machen wollen, sondern auch einige Zelt- und Bergwanderer, die sich hauptsächlich in Landgasthöfen und Dorfhotels aufhalten – also dort, wo am meisten Dialekt gesprochen wird.

Es gibt außerdem viele deutsche Familien, die sich im Elsass niedergelassen oder ein Ferienhaus gekauft haben, um einfach mal der Saarbrücker bzw. Karlsruher Unruhe entkommen zu können. Diese fühlen sich jedoch oft ein wenig von der elsässischen Dorfgesellschaft isoliert, und zwar meistens aufgrund von Sprachproblemen: diejenigen, die nur Hochdeutsch sprechen, stoßen sogleich auf die latente Deutschfeindlichkeit mancher Nachbarn und diejenigen, die Französisch gelernt haben, kommen zwar mit dem Einkaufen und den Verwaltungsformalitäten zurecht, nicht aber mit dem Witze- und Klatscherzählen, mit dem Wein- und Bierprobieren, also all den Dingen, die im Dorfleben eine so wichtige Rolle spielen. Und falls sie einmal ins Dialekttheater gehen, werden sie auch manches verpassen ...

Das ist um so bedauerlicher, als das Elsässische für sie im Grunde genommen keine Fremdsprache ist, an der man stundenlang pauken müsste, sondern eine eng verwandte Sprache, die der Deutschsprechende mit Hilfe einiger kurzer, gezielter Hinweise schnell lernen kann. Besonders diesen Menschen also ist dieses Büchlein gewidmet.

Raoul J. Niklas Weiss

Zur Schreibung des Dialektes

Von den zahlreichen Vorschlägen, die für die Schreibung des Elsässischen gemacht wurden, konnte sich bis heute keiner durchsetzen. Dem Deutschsprechenden bereitet dies aber keine unüberwindliche Schwierigkeit, denn als oberdeutscher Dialekt steht das Elsässische dem Neuhochdeutschen näher als zum Beispiel das echte Niederdeutsche und kann daher ohne große Vereinfachung durch die hochdeutsche Schrift dargestellt werden.

Zum einfachen Erkennen der Sprachen werden die elsässischen Wörter und Sätze in einer fettgedruckten Schreibweise dargestellt, die französischen Wörter in einer schlanken Variante davon.

Es gibt viele Buchstaben, die anders als in der deutschen Hochlautung ausgesprochen werden. Besonders auffallend ist, dass sowohl „s" als auch „ss" immer einen stimmlosen ss-Laut (wie in „me<u>ss</u>en") bezeichnen, und nie das stimmhafte „s" von „<u>S</u>onne, Rei<u>s</u>e".

Für drei Laute, denen nichts in der deutschen Hochlautung entspricht, werden wir Sonderzeichen einführen:

å ist ein überdunkles „a", zwischen „a" in „halten" und „o" in Korn. In der Dialektliteratur wird das Zeichen **å** unter anderem von André Weckmann gebraucht, einem elsässischen Schriftsteller.

ì und **ù** sind die für das Elsässische kennzeichnende offene „i“, zwischen „i“ in „bitter“ und „e“ in „Benedikt“, und offene „u“, zwischen „u“ und „o“. Diese werden in den Volksbüchern einfach „e“ und „o“ geschrieben.

Und noch eines: in der vorliegenden Schrift werden fast immer die volkstümlichen Orts- und Personennamen gebraucht. Weichen die entsprechenden französischen und schriftdeutschen Namen stark von der elsässischen Aussprache ab, werden wir sie gelegentlich in Klammern angeben:

Menscht'r (Münster / Munster)
Seppi (Joseph)

Am Ende des Buches finden Sie eine Liste der wichtigsten Ortsnamen, mit deutschen und französischen Entsprechungen. Alle elsässischen Ausdrücke werden hier übersetzt, sofern sie nicht offensichtlich verständlich sind.

Elsässisch, Deutsch & Französisch

In den 50er Jahren, als „Deutsch“ in Frankreich noch „menschenfresserischer Erzfeind“ bedeutete, waren die Hochdeutschkenntnisse der Elsässer noch beträchtlich, aber keiner wollte zugeben, dass er Deutsch sprach. Das Französische aber, die seinerzeit angeblich einzig brauchbare Sprache dieser Welt, wurde selten gesprochen, und fast immer mit so starkem Akzent, dass man sich dadurch im „inneren“ Frankreich, also bei den „Welschen“, lächerlich, wenn nicht verdächtig machte. Den herabgesetzten Dialekt, der eigentlich noch die alltägliche Sprache des Volkes war, betrachtete man als ein untermenschliches Kauderwelsch für Korbmacher und Pferdediebe.

Und heute? Heute sind die Elsässer auf Grund der europäischen Konstruktion fast über Nacht, vom ungeheueren Mischling zur (laut Johannes-Paul II.) „wunderbaren Brücke“ zwischen Deutschland und Frankreich, vom nullsprachigen zum „dreisprachigen“ Volk geworden. Die feste Überzeugung vieler Elsässer, dass man nur zwischen Weissenburg und Basel geboren zu sein braucht, um „von Natur dreisprachig“ zu sein, sollte man als Folge von und Mittel gegen das Sprachtrauma der 40er und 50er Jahre verstehen und respektieren.

Der deutschsprachige Reisende sollte also dem Elsässer zunächst etwas auf Französisch sagen, auch wenn er sich in einem Münstertäler Dorf befindet, wo offenbar alle Dialekt sprechen. Es geht nämlich lediglich darum, seinem Gesprächspartner zu zeigen, dass man kein engstirniger Schwobb (Schwabe) oder hochmütiger Preïss (Preuße) ist und dass man seine vermutlich doch eher geringen Französischkenntnisse hochschätzt.

Nach einem „kulturtherapeutischen" Bonjour! (oder noch besser: Buschur!) kann man dann ohne Beleidigung Deutsch sprechen, und zwar am Anfang besser ein bisschen Hochdeutsch, wiederum als Anerkennung der berühmten elsässischen „Dreisprachigkeit". Dabei wird man oft feststellen, dass der Gesprächspartner ein recht eigenartiges Deutsch spricht: Hochtöutsch? Jo nåtürlisch kånn ich Hochtöutsch, wåss meinän ssi, jeter Elssæsser kånn tåss, wissän ssi tås noch nischt? Ssi ssolltän tie Zeitungän leessän! Um so besser! Denn wenn er das Hochdeutsche nicht so gut beherrscht, wird er sich leichter dazu hinreißen lassen, Elsässisch zu „reden". Und nur auf Elsässisch kann man über die wichtigsten Sachen der Schöpfung reden, wie: Tokayweine, Münsterkäse, Heidelbeeretarte, lustige Büawa (Buben), üppige Meidla (Mädchen) und Storchenwanderungen. Nur auf Elsässisch kommt der Elsässer arüss mìt d'r Sprooch, und wer die touristisch übervermarktete Région Alsace je besichtigt hat, ohne mit den Eingeborenen a bìssla gabåbb'lt (geschwatzt) zu haben, kann nicht sagen, dass er das Land Elssæss kennt.

Zur Sprache

Wer sich mit irgendeinem Dialekt wissenschaftlich beschäftigt hat, weiß, dass die Grenzen zwischen zwei Dialekten fließend verlaufen. Was die Sprache betrifft: ist der Allgäuer ein Schwabe oder ein Baier? Wo endet das Niederösterreichische und wo fängt das Oberösterreichische an? Im Grunde genommen besitzt doch jedes Dorf seine eigene Mundart, gæll? Im Elsass ist jedoch durch die blutige Geschichte der Region alles ein wenig einfacher geworden – allerdings nur für die Dialektologen...

„Elsässisch" ist die alemannische Sprache des mittelalterlichen Elsass, des Gebiets zwischen Strassburg und Basel, zwischen dem Rhein und dem Vogesenkamm. Das heutige Elsass ist eine französische région, die sich geografisch mit dem historischen Elsass nicht überall deckt: dem historischen Gebiet wurde im Norden ein Teil des fränkischen Sprachraums hinzugefügt.

Die Geschichte hat jedoch in diesem bunten Raum eine gewisse Einheit geschaffen, und zwar auf eine ganz besondere Weise. Seit der französischen Wiedereroberung (1918) wird das Hochdeutsche nicht mehr als Hochsprache und vor allem als Schulsprache anerkannt. Unter Fachleuten sagt man oft bildlich, dass die elsässischen

Mundarten, im Vergleich zu den in Deutschland und Österreich gesprochenen Dialekten, nicht mehr „das Dach" der Hochsprache über dem Kopf haben. Seit 1945 ist der hochdeutsche Einfluss auf den Dialekt immer geringer geworden, wogegen in der gleichen Periode viele deutsche Dialektsprecher, wie im benachbarten Baden-Württemberg, unter hochsprachlichem Einfluss die auffallendsten Merkmale ihrer Landmundarten verloren haben. Daraus ergibt sich, dass der Dialekt im Elsass am schnellsten verschwindet, also von immer weniger Leuten gesprochen wird, und paradoxerweise zugleich am besten erhalten bleibt, wenn man darunter versteht, dass er sich aus der ersten Hälfte des 20. Jahrhunderts fast unverändert bis zu unserer Zeit geschleppt hat. Mangelnde Kontakte mit der deutschen Hochkultur und mit dem übrigen germanischen Sprachgebiet wurden zwar durch häufigere Kontakte mit Französischsprechenden ersetzt. Aber diese romanische Sprache ist der Struktur des Dialekts fremd und konnte das Elsässische nicht so stark beeinflussen, wie etwa das Hochdeutsche Einfluss auf die in Deutschland gesprochenen Dialekte genommen hat.

Die Elsässer sind also sozusagen alleine geblieben. Dadurch ist ihre Sprache im Vergleich zu den benachbarten Dialekten immer eigenartiger geworden. Im ganzen Elsass ist der Sänger a Månn wo sìngt, niemals „ein Mann, der singt" – es sei denn, man spricht ganz bewusst Hochdeutsch, was unter Elsässern von heute höchst selten der Fall ist. Die Wortschatzunterschiede mit dem hochdeutschsprechenden Raum sind zahlreich und oft geografisch ausnahmslos: im ganzen Elsass heisst der „Schwiegersohn" Tocht'rmånn, wenn nicht sogar ein Schååd'r (gendre) und überall wird Dialekt garedd, nicht etwa „geschwätzt" oder „gesprochen", denn „gesprochen" betrachtet man nicht als eine „bessere" oder „korrektere" Variante von garedd, sondern als die Übersetzung dieses Wortes ins Hochdeutsche. Da viele Dialektsprecher das Hochdeutsche trotzdem nicht als Fremdsprache bezeichnen würden, weil sie meistens den Dialekt mit Hilfe der hochdeutschen Schrift schreiben, könnte man sagen, dass die offizielle Sprache der Bundesrepublik Deutschland im Elsass eine „Halbfremdsprache" ist, die übrigens von vielen Französischsprechenden und manchen jüngeren Dialektsprechenden nicht mehr verstanden wird.

Wo redet man Elsässisch?

Politische und sprachliche Grenzen fallen nicht überall zusammen. Von der fränkischen Färbung der nördlichen Mundarten haben wir schon geredet. Das ist nicht alles: in der südlichen Ecke der Région liegt der kleine und schöne Sundgau, wo das Kind zum Chìnd wird, und die Kerich (Kirche) zur Chilche.

Ach, dir wisset jo, d´Schwitz esch nemm witt!

Ausgerechnet aus diesem abgelegenen ländlichen Gebiet, wo der Dialekt so merkwürdig klingt, kommen zwei der wohl bekanntesten elsässischen Schriftsteller, Nathan Katz und Louis Schittly, die mundartnah ohne Anpassung an das „Kern-Elsässische" geschrieben haben. Von einem bedeutungslosen Unterdialekt kann also nicht die Rede sein, denn er wird noch in ca. 30 Dörfern gesprochen.

Im Nordosten sieht es noch anders aus; dort ist aufgrund eines ungemeinen Bierkonsums die „bairische Diphtongierung" eingetreten: zwischen Wissebùrri (Weissenburg / Wissembourg) und Seltz verliert man nicht sini Zitt ìm Wìrtshüss, wie sonstwo im Elsass, sondern seini Zeit ìm Wìrtshaus, also so wie der Schwabe, der Bajuware und so viele Stämme zwischen Rhein und Wolga.

S'mâcht nix! Was unsere allerschönste Sprache in der Länge verliert, gewinnt sie gleich wieder in der Breite: außerhalb der Région Alsace wird derselbe Dialekt noch im Ortenau und im südöstlichen Teil des Départements Moselle, also im „wilden Lothringistan", gesprochen.

Auch bei der Anzahl der Sprecher gibt es geografische Unterschiede. Die Stadt Mülhausen und die umliegende Gegend gelten als Dialektwüste, wohingegen unter anderem das Mittelelsass mit dem Münstertal, die ländlichen Gegenden um Zåw'ra und das sogenannte „krumme Elsass" um Bùckanùm elsässische Dialekthochburgen sind.

Wer redet Elsässisch?

Kaiserslautern
Saarbrücken
Pirmasens
Karlsruhe
Morhange
Niederbronn
Pforzheim
Haguenau
Phalsbourg
Rhein
Baden-Baden
Sarrebourg
Saverne
Strasbourg
Lunéville
Molsheim
Offenburg
Erstein
SCHWARZWALD
FRANKREICH
Villé
DEUTSCHLAND
Sélestat
Epinal
Kaysersberg
Kaiserstuhl
Colmar
Munster
Freiburg
Donaueschingen
Guebwiller
Thann
Mulhouse
Belfort
Altkirch
Basel
20 km
Zürich
SCHWEIZ
Solothurn

Wer redet Elsässisch?

„Man kann von einer Höchstzahl von ca. 1.200.000 Elsässern und Lothringern ausgehen, die zumindest passiv des Deutschen (des Dialekts) mächtig sind". (J. Born und S. Dickgiesser, *Deutschsprachige Minderheiten*). Das sind ca. 40% der Bevölkerung. Dabei muss man erfahrungsgemäß zwischen Land und Stadt unterscheiden. Besonders in Großstädten wie Strassburg und Mülhausen wird der Dialekt selten und fast ausschließlich von älteren Leuten gesprochen. Auf dem Lande ist das Elsässische jedoch oft die einzige Sprache, die die Dörfler über 20 unter sich sprechen.

Heute sind fast alle Elsässer des Französischen mächtig, und viele meistens über 40jährige haben relativ gute Hochdeutschkenntnisse. Aber sowohl Hochdeutsch als auch Französisch sind für sie eigentlich Fremdsprachen. Der Deutschsprechende, der sich sprachlich nur schwer dem Dialekt anpassen kann, ist a stùr'r Preïss, der Französischsprechende, besonders wenn er nur Schulfranzösisch mit Pariser Akzent spricht, ist a hærgloffn'r, a Wælsch'r, also nix rårs. Wer aber nur a bìssla Elsässisch in sein Deutsch oder Französisch mischt, wird die elsässische Gastfreundschaft genießen können.

Fremdsprachliche Einflüsse

Eine Region, die an ein anderssprachiges Land grenzt, wird natürlich sprachlich beeinflusst. Das Elsässische wurde geprägt durch:

das Französische

Seit der Eroberung von 1918 ist Französisch die Verwaltungs- und Schulsprache. Infolgedessen ist das, was man heute „Elsässisch" nennt, ein oberdeutscher Dialekt unter starkem französischem Einfluss. Dieser Einfluss lässt sich vor allem im Wortschatz feststellen, in dem viele neue Gegenstände des modernen Lebens keinen neuhochdeutschen Namen haben, sondern durch einen französischen Neologismus bezeichnet werden: der Motorwagen ist ein Otto automobile, das Schweröl heißt Massutt mazout, der Bürgermeister ist ein Määr maire, was kaputt ist, kann im Elsass auch fütti foutu sein, buchstäblich „gefickt", wie Englisch fucked. Ìm Määr ssin'r Massutt-ofa ìsch gånz fütti bedeutet, dass „des Bürgermeisters Schwerölofen völlig kaputt"ist.

Den französischen Einfluss sollte man jedoch nicht überschätzen. Es ist keineswegs der Fall, dass das Elsässische eine „Mischung von Deutsch und Französisch" ist, wie es so oft von Leuten behauptet wird, deren Elsass-Erfahrung aus zwei anderthalbstündigen Stadtführungen in Strossbùrrig besteht.

Übrigens: da heute fast alle Elsässer auch Französisch sprechen, aber meistens mit dem sogenannten „elsässischen Akzent“ – der in der Tat vielmehr als ein Akzent ist, ja sogar eine neue Regionalsprache bildet, finden Sie am Ende des Buches einen Anhang über die Besonderheiten des Lokalfranzösischen.

das Hochdeutsche

Bei der lutheranischen Minderheit, aber auch bei den anderen Konfessionen spielt das mit starkem Akzent gesprochene Hochdeutsch im Gottesdienst immer noch eine wichtige Rolle, obwohl der Teil des Französichen immer größer wird. Auf jeder elsässischen Behn (Bühne = Dachboden) liegen unter Nüssen und Rattenfallen deutsche Bücher, die aber von den allerletzten Generationen nicht mehr oft aufgeschlagen werden. Das deutsche Fernsehen wird allerdings in vielen Familien gschoit (geschaut), und zwar auch von den Jüngeren.

Der hochdeutsche Einfluss ist manchmal jedoch schwer festzustellen, weil man nicht immer einen scharfen Trennungsstrich zwischen Dialekt und Hochsprache ziehen kann. Nur bei relativ neuen, der elsässischen Lautung nicht völlig angepassten Entlehnungen kann man noch den Eindringling entlarven. Wer zum Beispiel a årwet (Arbeit) macht, ist komischerweise kein årwet'r, sondern ein årweit'r.

Da außerdem die Zahl der Elsässer mit Hochdeutschkenntnissen merklich gesunken ist, wird aus nationalistischen Gründen immer wieder der Versuch unternommen, zwischen Hochsprache und Dialekt einen Keil zu schlagen, als ob das Elsässische eine iranische oder keltische Sprache wäre, was übrigens auch schon behauptet wurde! Es lässt sich jedoch beweisen, dass das heutige Bild der elsässischen Sprache nur unter starkem hochdeutschen Einfluss entstanden sein kann. Was im Münstertal vor ca. 150 Jahren gesprochen wurde, war sicher dem Schweizerdeutschen oder dem Tirolerischen ähnlicher als dem heutigen Elsässischen. Diese Entwicklung lässt sich nur auf den Einfluss der städtischen Kultur, und letztendlich auch auf die hochdeutsche Kultur zurückführen.

das Jiddische

D'r åårm ìsch bånkrùtt gånga!
Der Arme ist Pleite gegangen!

So sprach meine Urgroßmutter selig, wenn sie von einem säumigen Zahler ohne Beleidigung reden wollte. Viele wussten nämlich nicht, was das hochdeutsche „bankrott“ bedeutete. Hätten alle verstehen dürfen, hätte sie einfach gesagt: Nu, d'r åårm ìsch z'Gügges gånga! In diesem Fall ist das angestammte Wort eine Entlehnung aus dem Jiddischen.

Kä Wùnd'r! Vor den Ungeheuerlichkeiten des letzten Weltkrieges war ùns'r Lændl eine Hochburg der europäischen Juden. Was hier und dort als Westjiddisch bezeichnet wird, war in den meisten Fällen die Sprache der elsässischen Juden. Auch viele Gojim (Nichtjuden) sprachen diese Sprache, die seit ungefähr einem Jahrhundert der der Gojim immer ähnlicher wird. Und umgekehrt: das Elsässische hat sich merklich „jiddischisiert".

Der elsässische „Narr" ist oft maschugga, hat also eine Måcka, und denkt immer nur an Kålloims (ans Träumen).

Und was nicht bschulumt (bezahlt) werden kann, wird einfach gagånft (gestohlen), auch wenn man dafür ab und zu im Gigges (Knast) landet...

das Zigeunerische*

Dær Dinnollo het ùns füli Æpfl tschora. Jeder Elsässer ist im Stand, das zu sagen, falls ein Trottel bei ihm tatsächlich faule Äpfel gestohlen hat. Aber nicht jeder weiß, dass dieses Verb tschora aus dem Altindischen cora stammt, wie auch die wenig schmeichelhafte Bezeichnung Dinnollo (Narr, Trottel). Vermittler dieses indogermanischen Wortschatzes waren die stolzen Sinti, deren Sprache s'Månischa dem elsässischen Rotwelsch s'Jenischa zugrunde liegt.

*

Obgleich das Wort „Zigeuner" für Menschen als diskriminierend gilt, existiert es auch als neutrale Bezeichnung. So verwendete die Sprachwissenschaft bis in die jüngere Zeit die ausdrücklich nicht diskriminierend gemeinte Bezeichnung Zigeunersprache, um die gesamte Sprachfamilie zu erfassen. (DUDEN). Allgemein verbreitete jiddische und zigeunerische bzw. jenische Lehnwörter werden durch (J) bzw. (Z) gekennzeichnet.

Im Süden, im Norden – eine Sprache!

Wie gesagt besteht die Heimatsprache der Elsässer aus vielen Varianten, die sich hauptsächlich in der Aussprache, vor allem bei den Selbstlauten, unterscheiden. Von der pfälzischen Grenze bis zur Basler Ecke ist der Regenbogen elsässischer Vokale komplett: in Bùckanùm (Bockenheim/Sarre-Union) sitzt man unter einem Bååm, in Colm'r (Colmar) unter einem Boim, und unter einem Båim in Melhüsa (Mülhausen/Mulhouse).

So viel zur Sprache. Und jetzt was anderes: aufgrund der Teilung des Landes in Oberelsass, Département du Haut-Rhin, und Unterelsass, Département du Bas-Rhin, während der französischen Revolution ist in der letzten Zeit zwischen „Oberelsässern“ und „Unterelsässern“ ein gewisser Chauvinismus entstanden. Im Allgemeinen ist es so, dass je weniger man über das Elsass, seine Sprache und seine Geschichte weiß, umso heftiger man sich als Unter- bzw. Oberelsässer bezeichnet. Was die Sprache anbelangt, besitzt jedes Dorf seine haarfeinen Nuancen. Mit der heutigen Mobilität sind zwar die auffallendsten Merkmale der Landmundarten zurückgetreten, aber dafür kann man doch keineswegs eine „Nordrheinsprache“ bas-rhinois von einer „Südrheinsprache“ haut-rhinois unterscheiden.

Aussprache & Betonung

Die hier beschriebene Variante des Elsässischen wird oft als Colm'rditsch bezeichnet. Ursprünglich war Colm'rditsch die Sprache der Stadt Colm'r. Seit Anfang des 20. Jahrhunderts hat sie sich über den größten Teil des mittleren Elsass verbreitet, und wird jetzt bis in die kleinsten Dörfer des Münstertales von den jüngeren Generationen gesprochen. Auf Grund der zentralen Lage von Colm'r wird das Colm'rditsch fast im ganzen Elsass verstanden, auch dort, wo es nicht die Hauptvariante darstellt, und zwar im Ùnt'rlånd, zwischen Offabùrrig (Offenburg), Sstrossbùrrig, Zåw'ra und Schlettstådt und südlich von Colm'r, zwischen Gæwill'r und åltkerich, im Gebiet des Melhüsaditsch.

Hier die grundsätzliche Ausspracheregelung der Selbstlaute:

æ	sehr offenes „ä" oder überhelles „a" **Mænn'r**
eï	überall wie „e + i",wie in *geh' ich* **Polizeï**
ei	wie hochdeutsches „klein", nur im Münstertal immer **eï** „e + i" gesprochen **klein**
ch	immer rau wie in „Bach" **henicht** (*heute Abend*)

Bei Zwielauten (ia, üa, ei, oi) *liegt die Betonung immer auf dem ersten Selbstlaut.*

Das „-n“ von Mehrzahlformen (die Katzen) und Zeitwörtern (ich will lesen, er hat gezogen) ist überall im Elsass verschwunden. Nur in sìnn (sein), hånn (haben), gehn (gehen) und sæhn (sehen) bleibt es erhalten. Südlich von Råpschwîr kann es aber auch in diesen Wörtern, und in anderen wie gsì(n) (gewesen), Wi(n) (Wein), schù(n) (schon) regelmäßig ausfallen, und nur noch in gewissen Verbindungen auftauchen:

I bì z’füass gånga.
Ich bin zu Fuß gegangen.

aber:

Bìn i nìt a lùschtig’r Büa? (Volkslied)
„Bin ich nicht ein lustiger Bube?“

Die Kürze des Selbstlauts wird, wie im Hochdeutschen, durch Doppelung des folgenden Mitlautzeichens gekennzeichnet, die Länge des Selbstlauts wird gelegentlich durch Doppelung des Zeichens gekennzeichnet:

d’Rått	die Ratte
s’Rååd	das Rad

Ausnahmsweise wird das lange „i“ als î geschrieben, weil die Zusammensetzung zweier „i“ dem „ü“ optisch zu ähnlich ist.

Vor einigen Mitlauten (meistens „r“ und „l“) werden Sie oft anstatt des „e“ das Auslassungszeichen (’) finden. Das weist darauf hin, dass dieses „e“, das schon im Hochdeutschen ziemlich schwach artikuliert wird, im Elsässischen ganz und gar weggefallen ist. In solchen Wörtern ist das „r“ (bzw. „l“, „n“) nicht mehr Mitlaut, sondern Selbstlaut: Ståch’ldroht und Menscht’rtål sind dreisilbig, gerade wie Strossbùrrig und Melhüsa.

Demnach wird auch der Artikel „der“, „der Hund“, und die Wörter „oder“, „aber“, „immer“ und „mir“ (was auch „wir“ bedeutet) d’r, od’r, åw’r, ìmm’r und m’r geschrieben.

Respækt oder Reschpækt — „s“ oder „sch“?

Im Laufe der Sprachgeschichte sind in allen oberdeutschen Dialekten manche „s“ zum sch geworden: Wörter wie spåra, Stånd, ånstått werden wie im Hochdeutschen Schpåra, Schtånd und ånschtått gesprochen.

Aber das genügt dem Elsässer nicht: auch bei einlautendem „s“ und am Wortende kommt seine leidenschaftliche Vorliebe für das **sch** zum Ausdruck. So spricht (und schreibt!) man nicht Schwest’r, sondern Schweschť’r, nicht Mist, sondern Mìscht. Dazu kommt noch, dass jede Endung der 2. Person der Einzahl (du) durch die Endung -sch gekennzeichnet wird:

Wås måchsch jetz? Kùmmsch od'r blîsch do?
Was machst du jetzt?
Kommst du, oder bleibst du da / hier?

und die 3. Person Einzahl (er, sie, es) des Hilfsverbs „sein" durch ìsch:

s'Fæscht ìsch schùn fåscht fer(t)ig.
Das Fest ist schon fast fertig.

So ist es kein Wunder, wenn sich der Elsässer im Kaukasus-Urlaub wì daheim fühlt:

Miaschtigschs noch bìrschta vùr åss d' gehsch.
Du müsstest es noch bürsten bevor du gehst.

Gìschs'm gschwìnd,
schùnsch wùrsch gstrooft!
Du gibst/Gib es ihm schnell,
sonst wirst du gestraft!

Auch in China ist er nicht ganz fremd:

Schång, d'Sùnn schinnt schùn lång!
Jean, die Sonne scheint schon lang!
(A. Weckmann)

Und noch ein Rätsel: welcher estnische Dichter sagte:

Ù do seh-w-i oi a Ool ìm Hoi, dü?
Und da sehe ich auch einen Aal im Heu, du?

Reschbægd oder Reschpækt — weich oder hart?

Im Elsass ist, wie auch im ganzen oberdeutschen Raum, die sogenannte „Konsonantenschwächung“ eingetreten, das heißt, dass die meisten Mundarten nicht mehr die stimmhaften Mitlaute b, d, g von den stimmlosen p, t, k unterscheiden. So gibt es nur noch eine Art von Mitlauten. Infolgedessen gibt es zweierlei redda auf Elsässisch: a Sprooch redda ist entweder eine Sprache „reden“, also „sprechen“, oder eine bedrohte Sprache „retten“, indem man diese Sprache, obwohl sie schon fast ausgestorben ist, immer noch redet.

Nur aus etymologischen Gründen schreibt der Elsässer manche Wörter mit „p, t, k“, andere mit „b, d, g“ – meistens nach hochdeutschem Vorbild, damit das Schriftbild des Wortes erhalten wird. Was die Aussprache betrifft, ist es völlig egal, ob man das Wort „Respekt“ Reschbægd oder Reschpækt schreibt.

Am Wortanfang hört man noch gelegentlich ein behauchtes „k“, das mit dem unbehauchten „g“ nicht völlig identisch ist. Man muss jedoch ziemlich genau hinhören, um dieses Phänomen zu erkennen:

Wenn d'Khüa khææm
gatt dini Khatz schùn gaffa.
Wenn die Kuh käme,
würde deine Katze schon gaffen.

Rüawa im Måja

... sind „Rüben im Magen". Kennzeichnend für die elsässische Aussprache vå Wissabùrrig bìs Melhüsa ist die Schwächung des „b" und des „g", wenn sie zwischen zwei Mitlauten stehen. Südlich von Melhüsa bleiben jedoch die schriftdeutschen b und g erhalten:

d'r Rægaboga	anstatt	**d'r Ræjaboja**
s'Læba	anstatt	**s'Læwa**

Ihr wìssa jo wås ich mein ...

Elsässische Grammatik

Erste Überraschung: auf Elsässisch siezt man nie. Nur mit deutschsprechenden Fremden wird das „Sie“, sprich ssee gebraucht. Es gibt jedoch eine Höflichkeitsform, die der 2. Person Mehrzahl im Französischen (Ihr) gleicht: ihr wìssa = „ihr wisst“, oder „Sie wissen“. Und schon ist die zweite Überraschung da: in der Mehrzahl sind alle Personen gleich!

m'r trìnka	wir trinken
ihr trìnka	ihr trinkt (oder „Ihr“ trinkt)
sa trìnka	sie trinken

Und diese einzige Form ist fast immer auch mit der Grundform und der Mehrzahl der Befehlsform identisch, also:

Ich wìll ebbs æssa.
Ich will was essen.

Æssa jetz, vùr ebb s kålt wùrd!
Esst jetzt, bevor es kalt wird!

m'r/ ihr/ sa æssa
wir essen, ihr esst, sie essen

Pråktisch, nicht wahr? Kein Kopfweh wegen der Tätigkeitswörter!

Fürwörter werden mit großer Sparsamkeit benutzt. Im normalen Satz ist das „du“ überflüssig:

Weisch wås? Trìnksch m’r a bìssla zvill!
Weißt du was? Du trinkst mir ein bisschen zu viel!

Nur im Relativsatz und bei nachdrücklichem Ton taucht das Fürwort wieder auf.

Dær wìll ich nìt!

Den schriftdeutschen „Wessen-Fall“ (Genitiv) hat das Elsässische, wie so viele Dialekte, gänzlich aufgegeben. Der Sohn seines Bruders heißt nun also: ìn dæm sim Brüad’r sin’r Sohn oder einfach: d’r Sohn vå sim Brüad’r, wobei die jüngere Generation immer mehr zur vå-Umschreibung neigt.

Außerdem gibt es keinen „Wen-Fall“ (Akkusativ) mehr, alles, was nicht dem „Wem-Fall“ (Dativ) gehört, ist – vom Standpunkt des Schriftdeutschen her gesehen – immer im „Wer-Fall“ (Nominativ):

Dær wìll ich nìt!
Den/Diesen will ich nicht!

D'r Pooli håsst d'r Tinni.
Paul hasst Martin.

D'r Tinni håsst d'r Pooli.
Martin hasst Paul.

Was den „Wem-Fall“ anbelangt: in den meisten elsässischen Mundarten kommt er nicht mehr isoliert vor, sondern immer nach ìn, mìt, vùr, ån, nåh (nach), bî (bei), wæja (wegen, mit dem „Wem-Fall“!) usw., wobei ìn von größter Wichtigkeit ist.

Müasch nìt d'm Dressi / d'r Müatt'r d'Schùld gaa.
Dem Andreas / Der Mutter musst (du) nicht die Schuld geben.

wird immer öfter ersetzt durch:

Müasch nìt ìm Dressi / ìn d'r Müatt'r d'Schùld gaa.

dæm, dæra, d'r, d' ...

Im Elsässischen kommt der Artikel„die" (wie in „die Frau", „die Häuser") in unterschiedlichen Formen vor. In konservativen Landmundarten wie im Menscht'rtål, ist das i noch hörbar, sonst wird es meistens de mit schwachem „e" oder sogar d' gesprochen: d'Froi, d'Sùpp, d'Kìnd'r.

„Mit dem Hund", „mit der Katze" lautet auf Elsässisch mìt'm Hùnd oder noch kürzer mìm Hùnd, mìt'r Kåtz. Wenn der Artikel in solchen Fügungen ungekürzt und betont ausgesprochen wird (mìt dæm Hùnd, mìt dæra Kåtz), dann bekommt er immer eine klare hinweisende Funktion, das heißt, er wird besser durch das hochdeutsche „diesem, dieser" übersetzt.

„Mit einem Hund", „mit einer Katze" lautet mìt'ma Hùnd oder mìma Hùnd, mìt'ra Kåtz. Nach „mit, nach, vor, an, in ..." sagt man also nicht „einem" oder „einer", sondern „dem einen", „der einen".

Dem hochdeutschen „den" in „den Mann" entspricht im Elsässischen d'r – s'brìngt d'r Månn heim vå dr Wìrtschåft, wogegen „den" in „den Männern" meistens da gesprochen wird, oder dæna, mit hinweisender Funktion, aber keinesfalls di wie in manchen südostdeutschen Mundarten.

Das grammatische Geschlecht eines elsässischen Wortes stimmt normalerweise mit dem des entsprechenden hochdeutschen Wort überein. Andernfalls werden wir stets den Artikel

(d'r, d', s' = der, die, das) ergänzen: d'r Bùtt'r = „der" Butter. Das hinweisende Wort „dieser, diese, dieses" gibt es im Elsässischen nicht, nur dìss, „dies" kommt noch in manchen Mundarten vor. Stattdessen wird dær, dia, dås, d.h. die betonte, hinweisende Form des Artikels gebraucht:

s'Wîb ìsch a bees Tiar.
Das Weib (= die Frau) ist ein böses Tier.

ist eine krasse frauenfeindliche Äusserung, wogegen Dås Wîb ìsch a bees Tiar. – Dieses Weib (= diese Frau) ist ein böses Tier." nur eine persönliche, oft zutreffende Feststellung ist. Sie sehen, diese Sprache hat lauter klitzekleine Nuancen ...

Dü bìsch m'r a Süff'r!

m'r steht bald für „man", bald für „wir" – der Unterschied zwischen diesen beiden Formen spiegelt sich jedoch in der Form des Zeitwortes wider:

Zùm Sürkrütt trìnka m'r gærn Tråmin'r.
Zum Sauerkraut trinken wir gerne Gewürztraminer.

m'r heißt nicht „mir" sondern „wir": Wir Elsässer, wir Colmarer usw.

Zùm Sürkrütt trìnkt m'r gærn Tråmin'r.
Zum Sauerkraut trinkt man gerne Gewürztraminer.

Ich bìn ùf Strossbùrrig gånga.
– Vergangenheit

Was bedeutet dieser Satz? Ist vielleicht der Gesprächspartner gestern nach Strassburg gefahren? Oder meint er, dass er früher ìn Strossbùrrig gschåfft (gearbeitet) hat und deshalb täglich, oder zumindest regelmäßig nach Strassburg gefahren ist? Das ist dem Elsässer schissegål, Formen wie „ging, war, machte", also die einfache Vergangenheitsform, wird er mìt'm beschta Wìlla nicht benutzen. Stattdessen sagt er:

ich bìn / bìsch / ar ìsch gånga, gsìn...
ich hån / hesch / er het gamåcht, gadænkt

Soll die Art der Handlung dann doch etwas genauer zum Ausdruck kommen, wird dies nicht durch verschiedene Zeitformen erzielt, sondern durch die zusätzlichen Partikeln amol und åls:

Ar ìsch amol voll gsìn.
Er war (am 14. Juli 1968) betrunken.

Ar ìsch åls voll gsìn.
Er war (manchmal) betrunken".

Der Elsässer hat auch seine eigene Meinung dazu, welche Partizipien regelmäßig, also mit -t am Ende gebildet werden und welche nicht. Anders als im Hochdeutschen bildet man die Vergan-

genheitsform der hier angeführten Tätigkeitswörter immer regelmäßig:

wìssa	**gwìsst**	wissen/gewusst
dænka	**gadænkt**	denken/gedacht
hewa	**khebbt**	heben/gehoben
wæscha	**gawæscht**	waschen/gewaschen

Andere Tätigkeitswörter sind meistens unregelmäßig – was nicht bedeutet, dass sie mit der entsprechenden schriftdeutschen Form immer übereinstimmen:

schnîda/gschnìtta	schneiden/geschnitten
aber:	
schinna/gschonna	scheinen/geschienen
bælla/gabolla	bellen/gebellt
lossa/gloo	lassen/gelassen

Über die Vergangenheitsform der meisten Tätigkeitswörter können sich die Elsässer jedoch nicht ganz einig werden: manchmal, hauptsächlich im Süden und in den ländlichen Mundarten, sind sie regelmäßig, bei manchen nicht, so wie bei:

schåffa	**gschåffa / gschåfft**
arbeiten	gearbeitet

Ich geh ùf Strossbùrrig. – Zukunft

Wùrsch doch Gspåss v'rstehn, od'r?
Du wirst doch wohl Spaß verstehen, oder?

Es ist schwer zu sagen, ob sich der Satz auf den heutigen Tag bezieht – Ich geh gråd ùf Strossbùrrig. – oder auf das nächste Jahr – Ich geh s'nækschta Johr ùf Strossbùrrig. In seiner abwechslungsreichen Geschichte hat der Elsässer kaum Gründe gefunden, sich ein stabiles Bild von der Zukunft zu machen. Das Hilfsverb „werden" gebraucht er selten, und wenn, dann immer mit der Nuance von „vermutlich" oder „freilich".

Wenn si stærwa gatt, ùn ich erwa gatt ...

In den ländlichen Mundarten haben noch einige Zeitwörter ihre eigene Möglichkeitsform:

i deerft / i derftigd	ich dürfte
i gæb	ich gäbe

Für andere Zeitwörter wird die Möglichkeitsform mit Hilfe von **gatt** oder **tätt** gebildet:

Wenn ich gatt schlofa, ...
Wenn ich schlafen würde, ...

Wenn da nìt so vill gattsch trìnka!
Wenn du nicht so viel trinken würdest!

Wenn'r ebbs gatt såja, gatta m'rs måcha.
Wenn er etwas sagen würde, würden wir es tun.

Nur sìn, hån, kùmma, kenna (können), solla und müa (müssen) haben immer eine ganz besondere Möglichkeitsform und werden nie mit gatt oder tätt verbunden:

Wenn da Gæld hættsch ...
Wenn du Geld hättest ...

Wenn sa jezt wìdd'r kæma ...
Sollten sie jetzt wieder kommen ...

Wemm'r dås kennta ...
Könnten wir das (tun) ...

Wenn'r sott (bzw. **sottigd**) **kùmma ...**
Wenn er kommen sollte ...

Wenn's miascht (bzw. **miaschtigd**) **schåffa ...**
Wenn sie arbeiten müsste ...

V'rzehl m'r noch ebbs!

A Gschicht wùrd im Elssäss v'rzehlt, nicht etwa „erzählt". A beesi Krånk't v'rwìtscht „erwischt" m'r schnæll, ùn v'rbìtt'rt odr v'rfrora kåmm'r manichmol sìn, aber nie „erbittert" oder „erfroren". Wie im ganzen süddeutschen Raum ist das „er-" wenig beliebt. Wenn man stattdessen nicht „ver-" verwendet, wird es ganz und gar awæggmåcht (weggelassen).

rota	bedeutet auch „erraten"
känna	bedeutet auch „erkennen".
bræcha	bedeutet auch „erbrechen"

In manchen Wörtern mit preußischem Nachgeschmack kommt es trotzdem vor ...

ärledigt = gånz miad	sehr müde
ärklära = ekschpliziara	erklären

...und sogar in wirklich urelsässischen Wörtern, wie ärìnn'ra, ärloiwa (erinnern, erlauben).

Dü wo fåscht nìt redsch...

„Der, den, die, das, dem..." = wo. Im Nebensatz wird alles zum allgemeingültigen „wo":

Dü wo fåscht nìt redsch...
Du, der du fast nicht redest...
(Titel eines Liedes von S. Reff)

D'r Win wo da trìnksch ìsch kä Bübb'ri!
Der Wein, den du trinkst, ist kein gemeiner Krätzer!

D'r Nochb'r wo-n-i Æpfl gaa hå ...
Der Nachbar, dem ich Äpfel gegeben habe/ gab...

s'Mæss'r wo-n-i sFleisch mìt schnîd ...
Das Messer, mit dem ich das Fleisch schneide...

Dazu kommen noch andere Fügungen, die vom „Duden-deutsch" mehr oder weniger abweichen:

Fer m'r a Plæsiar zmåcha ...
Um mir einen Gefallen zu tun...

Dùrrich dås, åss'r sællamols krånk gsìn ìsch ...
Weil er damals krank gewesen ist/war...

Kän'r het nia nix d'rvån gheert ...

Paradoxerweise haben wir „verwelschten" Elsässer viele germanische Züge behalten, die im Hochdeutschen unter lateinischem Einfluss verschwunden sind, wie die mehrfache Verneinung, die zumindest auf dem Land noch tief im Satzbau verankert bleibt:

Kän'r het nia nix d'rvån gheert.
Man hat nie (nichts) was davon gehört.

Ar het nia kä Gæld ìm Såck.
Er hat nie (kein) Geld in der Tasche.

S het ni nìtamol nìt Buschur gseit.
Sie hat uns nicht einmal (nicht) Bonjour gesagt.

So, das wäre es für die Grammatik. Und vergessen Sie nie das Sprichwort:

Vå wo sìnn'r?

Deutsch - Elsässische Missverständnisse

Wenn es um die Staatsangehörigkeit geht, werden die Deutschen selten als Ditschi, häufiger pauschal als Preïssa oder Schwowa bezeichnet. Wir Elsässer sind kulturell nämlich auch Deutsche! In einer normalen, nicht-ideologischen Gesprächssituation wird der Elsässer immer sagen, dass er ditsch redt. Wenn seine Sprache genannt werden soll, wird er jedoch öfter Elsæss'rditsch, Colm'rditsch oder Melhüsaditsch sagen, als einfach Ditsch.

So sind die Bezeichnungen Preïss im Nordelsass und Schwobb im Süden nicht unbedingt als Schimpfnamen zu verstehen, selbst wenn sie in einem Zusammenhang unterschwelliger Deutschfeindlichkeit gebraucht werden. Sie entsprechen manchmal auch dem lobenswerten Bewusstwerden vieler Elsässer, dass Sprache oder Kultur und Staat nicht immer zusammengehören und dass das Wort „deutsch“ kein Privateigentum der Bundesrepublik Deutschland ist.

„Französisch sprechen ist schick!“ Wenn die Rede auf den Dialektschwund kommt, und auf die beklagenswerte Tatsache, dass heute viele Kinder die Großeltern nur noch dann verstehen, wenn sie sich bemühen, Französisch zu sprechen, hört man immer wieder diese feste Redewendung.

Dieser Satz stand auf Plakaten, die kurz nach dem 2. Weltkrieg im Rahmen einer „Französisierungskampagne“ an die Mauern geklebt wurden. Es war jedoch nicht so, dass die Elsässer, die nur Dialekt sprachen, Französisch lernen durften, sondern mussten, um überhaupt zu verstehen, was beispielsweise im Gerichtshof oder beim Militär gesagt wurde. Nach dem Krieg gehörte diese Region eindeutig wieder zu Frankreich, und die Amtssprache war somit natürlich Französisch.

In der Regel sollten Deutsche im Gespräch mit Elsässern das Thema „Kriegs- und Nachkriegsjahre“ überhaupt vermeiden, denn die Aufarbeitung dieser Periode in Frankreich steckt noch in den Anfängen, und jede Diskussion darüber kann einstweilen lediglich nationalistische Indoktrinierung wachrufen.

M'r brücha kä Dokt'r!

Wer kein Arzt ist, sollte sich im Elsass am Besten nicht als „Doktor Soundso“ vorstellen. Akademische Titel werden bei uns nie im alltäglichen Gespräch gebraucht und gelten als tipisch preïssisch – eine nicht sehr schmeichelhafte Beurteilung auf dieser Seite des Rheins.

A Dokt'r ist ein Arzt, a Oigadokt'r ist ein Augenarzt usw., nur der Zahnarzt ist komischerweise a Zåhnårzt geblieben.

Eugène und Scheeni

Wer mìt'ma Elsæss'r zåmmakùmma wìll, müass friaj ùfstehn.
Wer mit einem Elsässer zusammenkommen will, muss früh aufstehen.

Frau Schmitt ist d'Mådåm Schmìtt, *Herr Schmitt ist* d'r Herr / d'r Mösiö Schmìtt.

Ein gewisser Eugène Huber soll Fremdenzimmer in Türkheim anbieten? Das haben Sie wohl im Telefonbuch gelesen... Vergessen Sie doch nicht den Grundsatz: Was geschrieben ist, ist falsch. Alles heißt anders.

Die Fremdenzimmer befinden sich eigentlich in Terrika, und gehören dem Hüaw'r Scheeni. Momentan geht es nur um die genaue Aussprache eines Namens. Jetzt denken Sie vielleicht schon, ein bisschen Sprachgefühl, und alles klappt! Tja... Dr Hüaw'r Scheeni heisst nìt ìmm'r Hüaw'r Scheeni, sondern auch ìm Tissi sin'r, wenn sein Vater Matthieu heißt, d'r Brùnna-Scheeni, wenn er neben dem Dorfbrunnen wohnt, d'r Dorfmunni-Scheeni (Dorfstier(!)) ùn so witt'rsch.

Die Beliebtheit von Schmüsnåmma – Kosenamen, ìw'rnåmma – Spitznamen und Sùnntignåmma – Spitz- und Schimpfnamen hat bei vielen Elsässern dazu geführt, dass ihre wahren Namen außer in Familienkreisen ganz und gar in Vergessenheit geraten sind. åw'r åchtung! nicht alle ìw'rnåmma darf man vor den Betroffenen verwenden! Davor muss man immer wieder die alte Frage stellen: Frìnd od'r Fìnd? – Freund oder Feind?

Buschur! Orwuar!

Die Begrüßungsfloskeln für Bekannte und für Fremde sind zum Teil nicht dieselben, unabhängig davon, ob diese Bekannten oder Fremden Duz- oder Siezpersonen sind.

Mit Fremden, die möglicherweise kein Deutsch verstehen oder verstehen wollen, sind Buschur! Bonjour! für Siezpersonen und Sålü! Salut! für Duzpersonen angesagt.

Zu Bekannten, die man heutzutage fast immer duzt, sagt man, je nach Tageszeit und Zahl der Betroffenen:

Morja! / Morja binånd'r!	in der Frühe
Sålü! / Sålü binånd'r!	unter Tags
Güata-n-Owa! / Güata-n-Owa binånd'r!	am Abend

Als Verabschiedungsfloskel kann man jederzeit Orwuar! (Au revoir! – Auf Wiedersehen!) verwenden, und zwar eher bei Siezpersonen. Bei Duzpersonen gilt das Sålü (binånd'r)! ebenfalls als Verabschiedungsformel – im Grunde genommen heißt es ja nur „Gesundheit", so wie das neugriechische „jassu!".

Orwuar!, Sålü!, Bis Morn! und andere Verabschiedungsfloskeln werden oft mit einem måchs güat! oder måchas güat! (zu mehreren), am Abend auch mit einem güatNåcht! verbunden.

ådje, ähnlich dem Ausdruck „Tschüss“, ist veraltet und wird nur im humoristischen oder poetischen Sinne benutzt.

bitten, danken, sich entschuldigen

Um sich zu entschuldigen, sagt man: Pardo! (Pardon!), oder Äxküsiarsch! (zu Duzpersonen) und (ir) Äxküsiara! (zu Siezpersonen).

Die einzige Dankesformel ist Märssi! Merci!, mit Betonung auf der ersten Silbe, deren Steigerungsform ist Märssi villmols!. Auch „sich bedanken“ heißt märssisåja. Um eine noch größere Dankbarkeit auszudrücken kann man auf purem ditschfrånzeesch'm Kauderwelsch a scheen'r Märssi såja.

Achtung, die Verwendung von Guten Tag, Entschuldigung, Bitte(schön), Danke(schön), Hallo!, Hi!, Tschüs! kann in vielen Geschäften eine sofortige Verdoppelung der Preise verursachen.

Und jetzt die Hauptschwierigkeit: allen mittel- und osteuropäischen Höflichkeitsregeln zum Trotz erwartet man nach einem gewöhnlichen Märssi! nicht automatisch eine Antwort, wie etwa „Bitte(schön)!“ oder ähnliches. Wenn Märssi! nicht als bedeutungslose Floskel gesagt wird, sondern eine besondere Dankbarkeit zum Ausdruck bringt (z.B. wenn man was geschenkt bekommt), ist s'ìsch gærn gschee (es ist gern geschehen) die übliche Antwort.

Hier ein kleiner Musterdialog zwischen zwei „guten Bekannten“:

Dressi: **Sålü Tinni!**
Tinni: **Sålü! Wia gehts?**
Dressi: **Ja, s’müass jo! Ùn wia gehts bidd’r?**
Tinni: **Jo weisch, aso ùn aso, ìn ùnsr’m Ålt’r, gæll...**
Dressi: **Ja, m’r müass ålles mìt ìm Koif næmma...**
Tinni: **He, wås wìtt?! C’est la vie!**
Dressi: **Ålso, ich müass wìdd’r gehn, seisch a scheen’r Grüass ìn d’r Froi, gæll?**
Tinni: **Ja, dü oi, sålü!**
Dressi: **Sålü, måchs güat!**

Die feste Redewendung Buschur! – Orwuar! Bonjour! – Au revoir! bezieht sich auf rein äußerliche, fast unpersönliche Verhältnisse (z.B. mit Nachbarn), eine Art des Zusammenlebens, oder vielmehr des Nebeneinanderlebens, die aufgrund des Verstädterungsprozesses immer häufiger wird:

Fåmìlja ùn Gsellschåft

„Babys“ gibt es im Elsass noch nicht. Zur Zeit ist man noch mit einfachen Kìnn (ältere, bäuerliche Mehrzahlbildung für „Kind“) oder Kìnd'r (moderne, städtische Form) zufrieden. Auch Ænk'lkìnd'r sind nur in den „besseren“ Familien zu finden, einfache Grosselt'ra haben Kìnskìnn oder Kìnnskìnd'r. Die Kìnskìnn sagen zum Großvater Gråpåpå grand-père, Papapa, Oppa (veraltet), zur Großmutter Gråmåmå grand-mère, Mamama, Omma (veraltet) zum Vater Påppa (nie Vati!) und zur Mutter Måmma (nie Mutti!).

Andere Bezeichnungen in diesem Bereich sind:

Vått'r (*mit kurzem* **å**!)	Vater
Büa, **Büawa** (Mz)	Junge
s'Biawala	kleines männl. Kind
s'Meidla	Mädchen
s'Meidala	kleines Mädchen
d'r Bånk'rt, **Holzepfl**	Bastard
Jùmf'r	Fräulein (*veraltet u. humoristisch*)
d'r Kussä (cousin)	Vetter
d'r Pfätt'r	Pate
d' Geddl	Patin
d'r Nöwwö (neveu)	Neffe
d' Njäss (nièce)	Nichte
d'r Liabscht'r	der Freund
d' Liabschti, **s'Bibbl**, **d' Kalle** (*J*)	die Freundin
d'r Hochzitt'r	Bräutigam
d' Hochzittra	Braut
d' Schwäj'rlitt	Schwiegereltern
Tocht'rmånn, **Schååd'r** (gendre)	Schwiegersohn
Sohnsfroi	Schwiegertochter

s'Bibbl *bedeutet „Hühnchen" und kann verglichen werden mit dem englischen Wort „chick".*

Dazu möchte ich noch zwei Wortschatzneuerungen einführen, die zur Gleichsetzung schwuler und lesbischer Lebenspartnerschaften beitragen sollten, und zwar Sohnsmånn, Ehemann eines homosexuellen Sohnes, und Tocht'rfroi, Ehefrau einer lesbischen Tochter.

åls klein Kìnd heisst d'r Joseph „Seppala“; ùn spät'r, åls Büa ùn åls Månn wùrd'r a „Seppi“. Aber nicht selten wird der kindliche Kosename zum ìw'rnåmma, was dazu führen kann, dass ein 90 Jahre alter Joseph von seinem 20 Jahre alten Großneffen Seppi mal mit ùnk'l Seppala angeredet wird. Und so ist auch der Grammatik zum Trotz manche Kattala oder Rikkala älter als manche Kattl (Kathrin) oder Meï (Marie).

Die ideale Braut kennzeichnet sich (laut einem Münstertäler Volkslied) wie folgt:

Dess Johr ùn gescht

Auch im Elsass hat die Woche 7 Tage. Aber was für Tage!

Mæntig	Montag	**Zischtig**	Dienstag
Mìttwùch	Mittwoch	**Dùnnschtig**	Donnerstag
Frittig	Freitag	**Såmschtig**	Sonnabend
Sùntig	Sonntag	**Fìrtig**	Feiertag

Jahreszeiten

s'Friajohr	Frühling	**s'Spootjohr**	Herbst
Sùmm'r	Sommer	**Wìnt'r**	Winter

d'r Herbscht *ist eher die Zeit der Weinlese.*

andere Zeitangaben

dess Johr	heute
gescht, **gescht'rt**	gestern
henicht, **hìtt Owa**	heute Abend
geschta-n-Owa, **Nææcht** *(veraltet)*	gestern Abend
morn	morgen
morndamorja	morgen früh
z'Mìttåj	Nachmittag
dia Wùch	diese Woche
s'letscht Johr, **færna** *(veraltet)*	voriges Jahr

hìtt Owa *sagen oft die jüngeren Sprecher.*

Verwechseln Sie nicht morndamorja *„morgen früh“ und* Mæntig Morja *„Montag früh“!*

A hålb Pfùnd Gogùmmra, wenns baliabt

Wenn man faule Kartoffeln und verdorrte Karotten mag, kann man ruhig die jeweiligen Waren unter den „üblichen" Namen verlangen. Hier einige elsässische Bezeichnungen:

d'r Bùtt'r	die Butter
s'Pfend'rla	1 Pfund Brot
Härnla	Hörnchen
d'r Hartepfl	die Kartoffel
Gællrüawa	Möhren, Karotten
Quætscha	Zwetschen
s'Krütt	Kohl
Loich, Pùrrått	Lauch
Gogùmm'r	Gurke
d'r Roim	Sahne
s'Wadala	Eisbein
Schiggo (gigot)	(Lamm-)Keule
s'Hüahn	Brathuhn
s'Pullee (poulet)	Brathähnchen

Rund ums liebe Geld

F

Geld heißt auch Glüwes, Lowi (*Z*), Mùmmes (*J*) ... Mit Kohle wird bisher nur geheizt.

Dar ìsch rîch åss'r stìnckt! – Der ist so reich, dass er stinkt! wird auch im Elsass gesagt (... eine ziemlich getreue Schilderung der elsässischen haute volée ...). Der, dem es wirtschaftlich nicht gut oder sogar schlecht geht, hat meistens ìm Teïfl ùf d'r Wådl gatræta (dem Teufel auf den Schwanz getreten).

Daheimsìn

Heim & Herd

Sùntig z'Mìttåj; s wæscht schùn d'r gånz Tåj. D'r Gårta ìsch a rìchtig'r Sùmpf wora, jo, s'ìsch nìmm scheen! Ån d'r Wìrtschåft hetm'r oi kä Plæsiar meh, ùn wenns aso ræjt hetm'r sowìso kä Dùrscht… Nå blîtm'r noch åm liabschta daheim ùn bæsch'lt ebbs ìm Hüss.

Sonntag Nachmittag. Es regnet viel, schon den ganzen Tag. Der Garten ist ein richtiger Sumpf geworden. Das ist ja nicht mehr schön! In der Wirtschaft hat man auch keinen Spaß mehr und wenn es sowieso regnet, hat man ohnehin keinen Durst. Dann bleibt man doch am liebsten zu Hause und bastelt etwas am Haus.

Hüss	Haus
d'r Schîr	Scheune
d'Biw'rschwånzziajla	Biberschwanzziegeln
d'r Behn	Dachboden
s'Kåmîn	Schornstein, Kamin
ùnta-nî	im Erdgeschoss
d'Stæj	die Treppe
d'r Gång	der Flur
Dìlaboda	Parkett
d'r Kleid'rhoka	Garderobe(nständer)
d'Kùch, d'Kùcha	die Küche
sKænscht'r, d'r Kùchakåschta	Geschirrschrank
d'r Friggo, d'r Kiahlschrånk	Kühlschrank
d'r Frîs'r	Gefrierschrank
d'r Dræckeim'r	Mülleimer
d'r (Wæsch)lùmpa	der (Scheuer)lappen
d'Schüfl	Schaufel
d'Wäschùffhænk	Wäscheleine
Beilîsa	Bügeleisen
d'r Radjatör	Heizkörper
d'Stùbb	das Wohnzimmer
a Kåch'lofa	Kachelofen
Sæssl, Foddäll	Lehnstuhl, fauteuil
d'Schüfl	Schaufel
Woj	Waage
s'Næjkerwla	der Nähkorb
ìm Bådzìmm'r	Badezimmer
Wåss'rstein	Spülbecken
d'Bådwånn, d Bìtt	Badewanne
Schlofzìmm'r	Schlafzimmer
Nååchtìschla	der Nachttisch

d'r Kåmîn *hört man nicht oft, und „Schornsteine" gibt's bei uns* ìw'rhoipt nìt!

Müll *bedeutet nur „Mund"*

Als Kenjalakischta, *„Kaninchenstall", werden enge, schäbige Wohnungen in riesigen Hochhäusern bezeichnet.*

Güll'r, Geissa, Græssa

Dem Klischee zufolge wäre der Storrik (Storch) sozusagen das Totemtier des Elsass. Aber mittlerweile haben die sogenannten landwirtschaftlichen Fortschritte dafür gesorgt, dass nur noch wenige Störche auf den elsässischen Kirchtürmen verweilen. Es sei denn, man hat wegen des Tourismus künstliche Nester mit Futter und Heizung gebaut.

Lange bevor man also den ersten Storch erblickt hat, kommt man mit einem anderen Tierchen in Berührung, das zwar nicht so pittoresk ist wie der Storch, aber ebenso typisch: d'Schnook (Stechmücke), die rheinländische Plage. Besonders in der Stadt Strassburg, einem früheren Sumpfgebiet, ist d'Schnook die wahre Königin des Nachtlebens. Heißt das berühmteste elsässische Volkslied nicht eben d'r Håns ìm Schnookaloch?

„Preussistanis", die zu uns zu Besuch kommen und den Schnooka zum Opfer fallen, werden sich dann oft beschweren, es gebe „Mücken" in ihren Zimmern. „Aber im Sommer ist das ganz normal, Herr Diepke!" – „Großer Gott, diese Elsässer leben noch in der Urzeit!"

Bevor man dem belustigten Einheimischen die Nützlichkeit von Insektenvertilgungsmitteln erklärt, sollte man sich daran erinnern, dass

Mùck im Elsass nur „Fliege" bedeutet. Da sieht man wieder, wie Wortschatzerwerb das Leben leichter machen kann.

Andere Besonderheiten der elsässischen Tierwelt sind verhältnismäßig von geringer Wichtigkeit, jedoch ist es trotzdem nicht uninteressant, wie einige Angehörige heißen:

s'Wændala	die Wanze
Schåb, Schåwa (Mz)	Motte
Schmætt'rlìng, Pappijjo (papillon)	Schmetterling
Måttschræck / Haischræck	Heuschrecke
Wæschpl	Wespe
Ìmm	Biene
Spåtz	Sperling
d'Kråpp	der Rabe
s'Schwælmala	die Schwalbe
Hiahn'rvojl	Bussard
Güll'r, Håhna	Hahn
Kåt'r, (Kåtza)roll'r	Kater
Geiss	Ziege
Ross	Pferd
Kenjala	Kaninchen
Mùnni	Stier
Æw'r	Eber
Eich'r	Eichhörnchen
Schær'r, Schærmüs	Maulwurf
Krizott'r	Otter
Kroppakopf	Kaulquappe
Græssa	Gressling
Lüsch'r	Laube

Flåmmküacha ùn Sürkrütt

Fresskultur Elsass

Kann der Wortschatz eines Volkes wirklich über seine Sitten Aufschluss geben? Ist der Elsässer wirklich ein unverbesserlicher Vielfraß? Vorerst kann man nur folgendes feststellen: es gibt etliche Wörter, die essen oder fressen bedeuten:

pìcka	**schlucka**
mùmpfla (*aus* **Mumpf'l,** *Mund voll)*	**v'rdrùcka**
ìnbîga	**ìnstopfa**
nåschåffa	**ùfschåffa**
leffla	**schüfla**
nådræja („hinabdrehen", *wie beim Gänsestopfen)*	

Sich arüssfræssa, ein zentraler Begriff des Studentenlebens, bedeutet nicht nur „fressen" sondern „sich so schnell wie möglich satt essen, wenn es nichts kostet (bei Hochzeiten, Verleihungen von Titeln an der Strassburger Uni etc.).

Das „Saufen" wird dabei natürlich nicht vergessen:

süffa
gùrrigla (gurgeln)
bäbra
schnåpsa / schnæpsla

Auch auf die Küche haben Verstädterung und Tourismus einen katastrophalen Einfluss ausgeübt. Die vielfältige, raffinierte und verhältnismäßig gesunde Bauernküche wird von einem eintönigen Standardmenü verdrängt:

Do bakùmmt m'r a fåds Sürkrütt od'r a miseråbl'r Bäckaofa ùn zùm Dessär a Steckla üsgadùrrt'r Kùjlhopf.
Da bekommt man fades Sauerkraut oder einen miserablen Bäckerofeneintopf, und zum Nachtisch ein Stückchen ausgedorrten Guglhupf.

Der Bäckaofa ist ein elsässischer Eintopf aus Rind- und Schweinefleisch, und wurde früher am Sonntag Morgen während des Gottesdienstes stundenlang im Backofen gedämpft. In billigen Restaurants im Grenzgebiet wird er jetzt etwa 12 Minuten nach der Bestellung aufgetischt. Juhee dås ìsch d modærn Kültür! *(Roger Siffer)*. Es gibt sogar richtige Heimatverräter, die zum Sürkrütt Rotwîn anbieten (na ja, wir sind doch in Frankreich ...)!

Doch ist der Krieg noch nicht verloren. Auch im Elsass hat der „Aufstand der Anständigen" begonnen: nicht nur der (eigentlich schon übervermarktete) Flåmmküacha (eine Art Spæckküacha, mìt Zewla ùn Roim), sondern auch das Griasspflùtta (Grießklößchen), Hartepfltætschla (eine Art Kartoffelpuffer), Kæsknepfla (Käseknödel), Gænsaknepfla, ein Lauchknödel, der komischerweise kein Gänsefleisch enthält, und das Sùppapåschteetla (Fleischpasteten) werden mit etwas

Glück dem verwüstenden Fortschritt entkommen.

Nùmma ån d'r Kìlb wùrd noch ìn fåscht ålla Fåmìlja wì friaj'r gakocht: Pottoffö (pot-au-feu – Fleischsuppe) ùn Sùppapåschteetl'r dazüa, a Bråta mìt Pommfritta, Sålætl'r, Kæs, ùn d'rnoh åll'rleï Kiacha mìt'm Kåffe ùn mì'm Schnåps.

Die elsässische Küche ist zwar raffiniert, so wie die französische, muss jedoch auch nahrhaft sein, so wie die deutsche. Ist die mal Suppe nicht fett genug, so sagt man ungeniert und bildhaft:

Vor dem Essen wird gewöhnlich dem Tischgenossen A Güat'r! (Appetit) gewünscht; oft wird dann A Bess'ra! geantwortet. Beim Auftischen eines Gerichts sagt der Koch oder Gastgeber: Lossa-ni-s schmecka!

Was die Namen der elsässischen Speisen angeht, gibt es hier natürlich sehr viele französische Entlehnungen:

Dessär (dessert)	Nachtisch
Särwilla (cervelas)	Fleischwurst
Süweckla	Brötchen
Måddlän (madeleine)	Sandplätzchen

sü = *1 sou, alte franz. Währung*
süweckla = *Pfennigbrötchen*

Wer am Menscht'rtål vorbeifährt, sollte nicht das Mælk'ræssa – Melkermenü (menu marcaire) verpassen, dessen Berühmtheit sich schon in einem Lied niedergeschlagen hat:

„A Tæll'r Sùpp, a Steckla Türt,
Roigabræj'lti mìt Gareichts,
Sålåt ùn Menscht'rkæs dazüa,
ùn a Ed'lzwìck'r bareits,
Hìnta noch nå dr Siasskæs
mìt'ma güata Kìrsch gateift.

(F. Long & J. Wehrey, **Gsångv'rein** *Vogesia)*

Türt (tourte)	flache Fleischpastete
Roigabræj'lti	„rauhgebratene" Kartoffeln mit Zwiebeln und Butter geköchelt
Gareichts	Geräuchertes
d'r Siasskæs	frischer, süßer, mit Zucker, Sahne und Kirschschnaps (Kersawåss'rla) übergossener Münsterkäse

d'r Siasskæs *ist der festliche Nachtisch schlechthin im Münstertal.*

Flåmmküacha ùn Sürkrütt

Nichtelsässer, die zum ersten Mal an einem elsässischen Tisch sitzen, sollten sich vor dem „UVWK-Syndrom“ (Ungleichzeitiges Vorhandensein von Wein und Käse) hüten. Gegen „UVWK“ ist keiner immun. Mangelndes Gleichgewicht, übermäßige Sentimentalität und Lähmung der unteren Zungenhälfte sind typische Symptome des „UVWK“.

Zerscht hamm'r noch a vehmæssigs Steck
Kæs ùf'm Tæll'r, ùn kä Wî meh ìm Glås.
Nå schænkt m'r sich hålt wìdd'r a Trepfala Wîn î,
dänn Kæs ùhne Wî kå jo nùmma a Preïss fræssa.
åwr d'rnoh ìsch ùfamol d'r Kæs fertig,
ùn s blît noch so hoch Wîn ìm Glås.
Do müass m'r sich hålt wìdd'r a Steckl Kæs
ùf d'r Tæll'r næmma ... ùn so gehts witt'rsch,
m'r båbb'lt, m'r påsst nìt ùf, ùn d'rnoh tüamm'r merka:
„Ja do! Jetz håwi noch d'Hälleft våm Kæs, ùn s'Glås
ìsch schùn wìdd'r læær!

Das Leerwerden der Gläser ist das elsässische Problem schlechthin. Seit der Völkerwanderung hat diese Frage den elsässischen Geist aus der Ruhe gebracht: Wie kann sich so plötzlich ein volles Glas in ein leeres Glas verwandeln, wo das Gegenteil doch nie vorkommt, es sei denn, man schenkt wieder ein...

ùn so witt'rsch ùn so fort ...
bìs åss d'r gånz Menscht'rkæs awægg ìsch od'r
d'Flåsch ìsch læær od'r m'r lejt eng'rm Tìsch ùn ...

Dü grossårtig'r Preïss, dü!

Einschätzen & Beurteilen

In diesem Bereich sind wirklich alle Missverständnisse möglich. Der obenstehende Satz drückt nämlich überhaupt nicht die Begeisterung eines deutschfreundlichen Elsässer aus: „Großartig" bedeutet im Elsass „eingebildet, prätentiös". Dieser Ausdruck wird besonders gerne zur Beschimpfung der Preußen verwendet, weil die Erinnerung an die angeblich grundbesitzenden, doch im Bezahlen meist säumigen Unteroffiziere aus Ostpommern noch ziemlich lebendig ist. A groiss'r Mann (J) ist demnach nicht etwa ein Kerl über 1,90 m, sondern ein an Größenwahn leidender Mensch.

„Lecker, toll, geil, klasse, super" und viele, viele andere Steigerungsformen aus der sogenannten städtischen Umgangsprache sind im åltmodischa Elsæss gänzlich unbekannt. Statt dessen hört man prîma (meistens für Speisen), wùnd'rbår, scheen, fîn, süf'r (im eigentlichen Sinne „sauber"), nìt ew'l (nicht übel, pas mal), exåkt (zuverlässig, fürsorglich, effizient).

Alles, was klug, clever, intelligent usw. ist, heißt im Elsass nur gscheït. Und umgekehrt: „hässlich", „unschön" heißt wiascht, ecklig (auch im moralischen Sinne), „doof, bescheuert" ist bleed, soidùmm, v'rschìssa ...

Dü grossårtig'r Preïss, dü!

Wann man abhauen sollte ...

Tja ..., von der elsässischen Gastfreundschaft haben Sie schon einiges gehört. Reden wir jetzt a bìssla von den seltenen Augenblicken, wo der Elsässer schon mal ziemlich ungastlich wird, also, ìm Wüat!

Ìm Sùmm'r wùrds manichmol schrecklig heiss. Am Abend tanzt man so gern unter den Lampions våm Pùmpjerfæscht (Fest der Feuerwehrmänner). ùn do ìsch ìmmr a scheens d'rbî (ein schönes Mädchen dabei). Leider wird sie meistens schon begleitet, und zwar von einem hæssiga Kìlwajæscht'r (wütenden Kirmesheld), also mit Sicherheit a bees'r Kåndidåt. Aber eben das merkt man nicht immer früh genug ... ùn nå ìsch d'r Teïf'l los! Und der elsässische Teufel veranstaltet dann meistens einen Mæss'rstìchtångo (Messerstichtango), wie in René Egles' berühmtem Lied:

Üss ålla Hosasæck, do sprìtza schårfi Mæss'r, s'fliaja Stiahl ùn lææri Flåscha dùrrich d'r Såål...

Aus allen Hosentaschen, da spritzen scharfe Messer, es fliegen Stühle und leere Flaschen durch den Saal...

Dann ist es ratsam, sich sofort üssem Stoib zmåcha (aus dem zu Staub machen, zu entlaufen). Aber genau dann wird auch die Heimatsprache ausdrucksstärker denn je. Wenn das Interesse an der Sprache größer ist als der Selbsterhaltungstrieb, kann man also auch bleiben, und Folgendes hören:

Jetz schlääts drizehn!
Jetzt schlägt es dreizehn!

Måch åss da v'rschwìndsch,
od'r ich känn mi nìmm!
Mach, dass du verschwindest,
oder ich kenne mich nicht mehr!

Hålt d'Gosch, dü Åårschloch,
schùnsch hoi i d'r eini!
Halte deinen Mund, du A... ,
sonst haue ich dir eine!

Ich lång d'r eini, dü Mollakopf!
Ich lange dir eine, du Blödmann!

Ich wùrr di schùn rånschiara, dü Spìtzbüa!
Ich werde dich schon rangieren (zurichten),
du Spitzbub!

Wenn man es mit einem echten elsässischen Messerhelden zu tun hat, dann heißt es bald: Måch di awægg, dü, od'r ich måål d'r a Fùtz ùf d'Båcka!, und schon rückt das lange Ræbmæss'r (Rebmesser) auf den armen Globetrotter zu.

In diesem Zusammenhang wird sicherlich das Meisterstück der elsässischen Schimpferei auftreten: Gobv'rdåmmi, und Gobv'rdåmmi nochamol! – eine nützliche Variante für diejenigen, die vermutlich schon mehrmals von Gott verdammt worden sind ... Variationen über das selbe Thema sind: Dùnd'rwætt'r, Kriza Milliona, Nondabùckl, Nondadje (nom de Dieu – im Namen Gottes) ...

Es fliegen aber nicht nur Stühle und Flaschen herum, sondern auch schöne Wörter: Fùtzl, Wåckes, Spængl'r (buchstäblich: Zigeuner), Dræckseckl, Lùmpaseckl, Hùndsknocha, Soihùnd, Soikeib, Soikopf ...

Und falls noch nicht alle Frauen geflohen sind, wird ein ganz besonderes Tierbuch geöffnet: (ålti) Märra, (bleedi) Küah, (Dræck-) Mohr, Dræcksoi, Såttån, Lüad'r ...

Natürlich findet man darunter auch besonders schmeichelhafte Bezeichnungen für die deutschen Touristen: Soischwobb, Soipreïss, Pfiffakopf, ... Aber wenn kein Petzer darunter sitzt, können die Franzosen auch a bìssla abbekommen: Schnæckafræss'r, (Dræck-)Håås. Warum denn „Hase"? Na ja, wìsse-n'r, das stammt noch aus dem 1870er Krieg ...

Anlässlich solcher Veranstaltungen lassen sich einige Tugenden des Elsässers aufzählen:

Prahlerei:	**Grossgosch!** (*Angeber*)
Gefräßigkeit:	**Soimåja** (*Saumagen*) **Vîlfrås** (*Vielfraß*), **Soikewl, Hùnnsmåja, Fræsssåck**
Schmeichelei:	**Schmüs'r, Schmårotz'r, Flåttiar'r** (flatteur)
Tratscherei:	**Rætsch(wîb)** (*Klatschbase*), **Båbbl'r, Schnùffl'r**

Faulheit:	**Fülæns'r, Fül'r Keib**
Feigheit:	**Hosaschiss'r, Ångschthåås, Håsafüass**
Knausrigkeit:	**råtzig'r Seppi, gizzig'r Seppi**
Dummheit:	**Tåppig'r, Sìmpl, Dinnollo** (*Z*), **(elænd'r) Tolla** (Trottel)
und weiblich	**Gåggl, Schiråff** (girafe), **Dùddl**
Torheit:	**Kåppalæzz, v'rrùckt, maschùgga** (*J*), **wærklig'r Seppi** (*Unikum im Münstertal*)

Warum denn Seppi? *Das ist einfach so: im Elsass heißt jeder Joseph, wenn er beschimpft werden soll.*

Dær het ein'r fåhra / rænna.
Bei dem ist eine Schraube locker.

Dær ìsch nì gånz binånd'r.
Der hat sie nicht alle beieinander.

Dær het a Rìss ìn d'r Schessl / ìm Plaffo.
Der hat 'nen Riss in der Schüssel.

Dazu kommen natürlich noch Trunksucht und Unkeuschheit - deren überreichem Wortschatz je ein Kapitel gewidmet ist.

Was man lieber nicht hören möchte ...

Man könnte sich vorstellen, dass die Elsässer als „Fremde im eigenen Land" den ausländischen Gastarbeitern nicht so misstrauisch und rassistisch gegenüber stehen sollten wie die Menschen im übrigen Frankreich. Leider ist es nicht so, und die im Elsass wohnenden Ausländer müssen oft, ohne es zu wissen, für die kulturelle Frustration der alemannischen Bevölkerung büßen. Wer seinen tunesischen Nachbarn als Harwa (Araber, auch pauschalierend für Nicht-Europäer) bezeichnet, ist sich meistens nicht darüber im Klaren, dass er seinen Mitmenschen so behandelt, wie er selbst oder sein Vater behandelt wurde...

D'r Bajess-Rul, d'r Schmul, weiblich d'Jùdamemme und einige andere judenfeindliche Schimpfnamen sind gottlob nicht mehr auf den Straßen zu hören, höchstens noch bei Erzählungen aus der Vorkriegsperiode. Der Anteil der jüdischen Bevölkerung hat sich allerdings auch merklich verringert.

Für die noch im Elsass ansässigen Zigeuner ist das Leben oft nicht angenehm.. Ein Sinto ist nach wie vor Teil des Lùmpavollik, Lùmpapåck, Spængl'r (Spengler = Zigeuner, meistens mit abwertenden Nebenbedeutungen wie Tagedieb, Gauner) oder Zeïnes. So heißt jeder, der Goldketten um den Hals trägt, in verrosteten Mercedes-Limousinen von Kìlb zu Kìlb fährt und ìn d'r Wùch (an Werktagen) nach 10 Uhr noch im Bett liegt.

Der erbliche Durst

Das moderne Leben bringt allerlei Unsinn mit sich: heute gibt es sogar Leute (meistens Schåndårma und Polizischta), die behaupten, man könne wegen Erledigung einer Flasche Wisswîn oder eines mäßigen Fasses Bier in besoffenem Zustand sein! Do kenntm'r sich kåpüttlåcha! Besoffener Zustand! Dåss wær hekscht'ns noch:

a klein'r Schwips
a klein bìssla Gås
a Dåmpf
a Kläro (clairon)
a Sååwl (buchstäblich „ein Säbel")
a Pflùtt

Man wäre also etwas ångsoffa, ja, aber keineswegs besoffen, Gott ìm Hìmm'l!

Nichtelsässer sollten eigentlich nicht über das Saufen schwatzen, sa kännas nìtamol. Wer einer Hochzitt ìn Rùmlfing (Romelfing) odr Sùnd'rnå (Sondernach) beigewohnt hat, der kann reden.

Wenn d'ingalåd'ni ånkùmma,
han schùn d'meischti eini stehn.
Bim Dessär hansa schùn eini sìtza,
un noh kùmmt erscht *(erst dann kommt)*
d'r Schnåps ùf d'r Tìsch.
Geja Owa *(gegen Abend)* **han ålli eini lejja,**
ùn d'rnoh gehts los!

Dü grossårtig'r Preïss, dü!

Aber was für „eine" haben sie stehen, sitzen, liegen? Das ist weiterhin unklar. Und diese „eine" kommt fast überall vor: so kann man auch eini åm Kråja (am Kragen) hån, eini ìm Schillä (gilet – Strickjacke) hån, eini ìn da Gåmåscha hån usw.

Es steht aber fest, dass ein'r, wo eini ìn da Gåmåscha het, nìmm allein ìsch.

Kurzum: die Teilnahme an einer Hochzeit kann eine kleine Kischt verursachen. Und åm Fìrowa (Feierabend) ist es schon möglich, dass man a bìssla mìt da Kùmp'ls bääb'rt (pichelt) åwr dod'rfer (dafür) ìschm'r noch kä rìchtigi Süffbîl oder Süffkùtt'l (Schnapsbruder)!

Ùn jetz schweinigla m'r a bìssla!

Zwischenmenschliches

Bei Schnåpsidee (oder Schockolågadånka – unkeuschen Gedanken) geht es um etwas anderes. A ånstændig'r Hüarafoil (Hurenvogel) oder Hüaraseckl, der wegen des erblichen Durstes seinen Namen nicht mehr so genau weiß, kännt noch d'r Wæj z'm Bajess (*J*, Puff, ursprünglich Haus). Na und? Wozu braucht man denn Häuser sonst?

Ist kein Bajess vorhanden, nicht einmal eine ehrliche Låttahüar (unter freiem Himmel arbeitende Palisadenhure) dann ist noch nicht alles verloren, kann doch der fleißige Fæj'r (buchstäblich Feger, Schürzenjäger) oder Meidlaschmeck'r (Mädchenliebhaber) immer noch eine Büawaschmekra (Flittchen) in der Nachbarschaft finden.

Trottuara (trottoir – Gehweg) gibt es überall, aber Trottuarmeidl'r (Nutten) sind, zumindest sprachlich, eine Strassburger Besonderheit. (Als die DM im Vergleich zum französischen Franc noch allmächtig war, war die Strassburger Trottuarmeidla sehr empfänglich für die marques d'affection aus der Bundesrepublik.)

Roger Siffer veröffentlichte damals seine erste Platte unter dem Titel „Elsass im Ausverkauf", und René Egles beschrieb seinerseits mit bissigem Humor das Programm eines Strassburger Ausflugs:

Ùn jetz schweinigla m'r a bìssla!

Mìm a Storrik gånz üs Jips
ùn a kleini, kleini Schwips
ùn a Süfflùm'r Håfa ùn a Kriajala (...)
ùn a Trottoirmeidl, gfitzt,
mìt'm Wechsl ìschs nìt tîr...

Mit einem Storch ganz aus Gips,
und einem kleinen, kleinen Rausch
und einem Sufflenheimer Topf
und einem Krügchen (...)
und einem „Trottoirmädchen",
(einem) hübsch(en),
mit dem Wechsel ist es nicht teuer ...

Manche mögen's andersrum, das macht die Suche kaum schwieriger: Hìnt'rlåd'r, åårschfick'r, Jenz / Jenz'r (m, *f*): „die/der gerne leckt, oder bläst") sind bei uns auch nicht unauffindbar.

Kurzum: durch langen Umgang mit den romanischen Völkern hat sich der im Elsass sitzende Germane ein etwas eigenartiges Bild von der Keuschheit gemacht: næwez nüss gehn (buchstäblich neben hinaus gehen) und ìm Ålta oder ìn d'r Ålt Härn'r ùfsetza (den Ehemann / die Ehefrau betrügen),ist zwar keine Heldentat, hat aber in letzter Zeit zu keiner Steinigung geführt.

Dass das Alter nicht vor der Liebe schützt, ist nichts Neues, das beweisen uralte Sprichwörter wie:

D'r ålt Bock wìll a jùngi Geiss.
Der alte (Ziegen-)bock will eine junge Ziege.

und umgekehrt:

Ålti Geissa schlæcka oi noch gærn Sålz.
Alte Geißen schlecken auch gerne noch Salz.

Anmache

Es gibt zwar Wörter wie d'Liab (die Liebe), v'rliabt oder baliabt, aber „lieben" gibt es komischerweise nicht: anstatt „Ich liebe dich!" sagt man Ich hå di gærn!, was auf Dialekt nicht ganz so eindeutig ist wie die hochdeutsche Entsprechung, aber doch ziemlich klar. „Der Kuss" ist d'r Schmùtz (der hochdeutsche Schmutz heißt im Elsass Dræck), „küssen" ist a Schmùtz gaa.

Dialog an der Schwelle

D'r Güschti ìsch ùf'm Bååi gsìn. Do het'r a scheen Meidla ångatroffa, s'Kattala. D'rnoh (danach), **wo d'r Bååi fertig gsìn ìsch, het'rs mìt heim bagleitt** (zurück nach Hause begleitet). **No sìnnsa vùr'm Hüss gstånda, ùn ar het ùmbadìngt wella nùff gehn züan'm** (zu ihm, dem Mädchen).

K: **Nei, nei, s ìsch nìt mejlig** (möglich), **ich müass gehn, lejja ...**

G: **Aj, wìtt dü schùn ìns Bett? So spoot ìschs noch nìt! M'r kennta noch schnæll Kåffee trìnka, femf Minütta, a bìssla v'rzehla** (unterhalten), **wås meinsch?**

K: **Ach, Güschti, da weisch jo, morn** (morgen) **müass ich friaj** (früh) **ùfstehn...**

G: **Jo! Fer a Tåås Kåffee wùrsch noch Zitt hån, od'r?**

K: **Ich weiss nìt, Güschti, ich weiss nìt...**

G: **Jo kùmm, gråd a Kåffee!**

K: **Ebbä hopp** (also gut), **kùmm gråd schnæll arùff, m'r trìnka ùns a Kåffee, åwr ich såå d'r glich: s wùrd nìt gæssa,** (es wird nicht gegessen) **ich wìll kä Breck'lech** (Krümelchen) **ìm Bett!**

Vùn Schnüppa bìs Rånzaweh

Krank sein

Auf dem Lande muss der Arzt Deutsch, genauer gesagt, Dialekt sprechen, weil der Großteil der Kundschaft überwiegend aus Bauern und Dörflern über 60 besteht, die ihre Krankheiten nur schwerlich auf Französisch beschreiben könnten. Die Ärzte, die nicht aus dialektsprechenden Familien stammen, lernen dafür Deutsch, also Hochdeutsch, weil der Dialektunterricht noch dramatisch unterentwickelt ist. Danach kommt natürlich die bittere Erfahrung, dass das von den Patienten gesprochene Deutsch stark von dem Deutsch Goethes abweicht.

Einige Kostproben aus der elsässischen Krankensprache:

Krånk't	Krankheit
gsùnd wæra (*gelegentlich* **heila**)	heilen
s'Weh, **d'r Schmærza**	Schmerzen
krænklig	kränklich
zìmp'rlig	mager, schwächlich
Dokt'r	Arzt
sich v'rkelta	sich erkälten
Schnüppa	Schnupfen
niasa	niesen
sich schnizza	sich schneuzen
Hålschweh	Halsschmerzen
Indischestion	Verdauungsstörung

Umgangsprachlich heißt jedwede Erkältung oder kurze, harmlose Krankheit d'r V'rreck'r, *nach französischem Muster* la crève.

Vùn Schnüppa bìs Rånzaweh

d'r Dùrrichfåll ist zwar feiner, klingt aber nicht so rein Elsässisch.

d'Schiss, dr Dùrrichfåll	Durchfall
Büchweh, Rånzaweh	Bauchschmerzen
bræcha, kotza	erbrechen
Zæpfla	Zäpfchen
pfùrza, ein'r loo fåhra	furzen
brùnza	pinkeln
s'Bolla (Mz **Boll'l'r**)	(ein Stück) Kot
s'Bissa	Juckreiz
d'Bùrwla (nur Mz)	Pickel
(**sich dr Füass**) **v'rstücha**	verstauchen
(**sich a Bein**) **v'rrænga**	verrenken
d'Rümåtissa (Mz)	das Rheuma
v'rkålkti Knocha	Arthrose
dermlig, schwìndlig, bæmb'lig	schwindlig
Schlåj	Schlag(anfall)
Hærzschlåj	Herzinfarkt

jùcka bedeutet zusammenzucken

Zeïnes od'r Tschent'Imånn?

In den alemannischen Mundarten ist die Zeïn eine Art Korb. Nach seiner gewöhnlichen Tätigkeit wird der Zigeuner humoristisch Korbmàch'r, Zeïnamàch'r, oder nach jüdisch-rotwelscher Art Zeïnes genannt.

Das Korbmachen an sich ist keine Schande, es ist nur dadurch in üblen Nachruf geraten, dass im Laufe der Zeit manche Zeïnes verstanden haben, wie sie ihren Familienbetrieb durch eine kleine Umstrukturierung viel rentabler machen konnten: viele Werkzeuge, die zum Weidenschneiden dienten, waren auch für das Schneiden des menschlichen Fleisches effizient. So ist dann so mancher Zeïnes zum Gångscht'r geworden ...

Trotz der proletarischen Herkunft ist der Gångscht'r selbst kein Proletarier im engen Sinne. Er besitzt ja seine Produktionsmittel: a lång'r Schlätzg'r (Dolch), so scharf wie möglich, um das Mårixla (Erdolchen, *Z*) zu erleichtern. Durch flinkes Mårixla kann er schneller zu Lowi oder Glüwes (Geld, *Z*) kommen als mit dem ewigen Weidendrehen.

Der Haken bei diesem Beruf ist das ständige Einmischen der Lölli (die „Rote", Polizei, *Z*), die immer wieder ungeplante Aufenthalte der Profis im Loch (Gefängnis) verursacht. Es lohnt sich halt immer weniger, Äpfel zu schnappen ...

Mittlerweile haben sich aber neue Branchen entwickelt („Umweltverhunzung", „schwarze Kassen"), bei denen das Beherrschen des „Jenischen", einer Art elsässischem Rotwelsch unter starkem jüdisch-zigeunerischem Einfluss, nicht erforderlich ist. Diesen Prozess beschreibt Roger Siffer in seinem Lied über den elsässischen Robin Hood, Simon Schneider, Schneid'r Simes, Zeïnes ùn Tschent'Imånn:

A påår Otto gstohla ùn zwelf Johr ìm Loch,
Simes s ìsch tîr bezåhlt.
D'Grossa, dia mâcha üs mim Lånd
a Dræckloch,
Fer dess wùrd nìt bezåhlt!

a Tschåwollo	junger, unerfahrener Kerl
tschora, **stripsa**, **gråmpfa**, **stæhla**	stehlen
Månisch pukka	Zigeunerisch sprechen
mulo sìn	tot sein
Dinnollo	Trottel

Dìtsch od'r Frånzeesch?

Elsässisch ist, wie gesagt, keine „Mischung von Französisch und Deutsch". Die alemannischen Mundarten sind viel älter als das Hochdeutsche und das Hochfranzösische, die erst mit der bedauerlichen Entstehung der Nationalstaaten auf die Welt gekommen sind.

Beim sogenannten „Codeswitching" (Sprachabwechslung) handelt es sich um etwas anderes. Ein Satz, der auf Dialekt angefangen hat, wird oft ganz unbewusst auf Französisch weitergeführt, und bekommt schließlich wieder ein deutsches Ende. In der Regel kann fast alles gånz ùf Ditsch oder gånz ùf Frånzeesch gesagt werden. Nur Grundbegriffe des alltäglichen Lebens wie etwa Sùmm'r, Boda, Tìsch, Hüss, Sùnn, und der Religion wie Kerich, Tod, Hìmml, Herrgott, Seel, d'-Send oder unübersetzbare Begriffe wie Schnåps, gmiatlig, schådafroh, gùnna (gönnen) werden von Dialektsprechenden fast nie auf Französisch genannt und umgekehrt. Die schon erwähnten Floskeln wie Buschur, Orwuar usw. werden immer mit Hilfe von mehr oder weniger angepassten welschen Wörtern ausgedrückt.

Bis auf wenige Ausnahmen kann alles sowohl auf Dialekt als auch auf Französisch mitgeteilt werden. Die allgemeine Zweisprachigkeit hat dazu geführt, dass viele Dialektsprechende oft nicht sagen könnten, ob der Satz, den sie soeben gesprochen haben, ùf Ditsch oder ùf Frånzeesch gsìn ìsch. Und tatsächlich ist es oft schwer zu sagen:

Da die einsprachigen Elsässer, fast alle über 90 Jahre alt, einen verschwindenden Anteil der Bevölkerung bilden, werden heutzutage die meisten Gespräche in diesem echten Kauderwelsch geführt. Manchmal ist der Grund, der zum Codewechsel geführt hat, relativ klar:

Dü, dia Briad'r vå d'r Rejìrùng sìnn doch maschugga! Sa wann noch a Sååtrall (centrale nucléaire – AKW) **boia!**

Der Grund für „Codeswitching" ist hier die Tatsache, dass die elsässischen AKWs nicht wie jenseits des Rheins von deutschen Verantwortungslosen, sondern patriotisch von französischen Narren gebaut wurden.

Zumeist ist es gar nicht nachvollziehbar, warum dieser Teil des Satzes deutsch ist, und jener französisch. Einige Kostproben:

Bim Kuafför het'r tout à coup sini ex-copine ångatroffa.
Beim Friseur hat er plötzlich seine ehemalige Freundin angetroffen.

Ar het a bees'r Kåråkt'r, åwr si tüat na doch préférer vis à vis våm åndra.
Er hat einen bösen Charakter, aber sie mag ihn doch lieber als den anderen.

A religieuse au café gatt i-n'm noch à la limite gaa, åwr a gånz'r Küacha, pas question, dü!
Einen (mit Mokkacreme gefüllten) Windbeutel würde ich ihm noch im äußersten Fall geben, aber einen ganzen Kuchen, das kommt nicht in Frage!

Im codeswitchenden Elsässischen spielt das Hilfsverb tüa eine wichtige Rolle, indem es den Sprecher befähigt, jedes französische Verb ungebeugt in den Satz einzufügen. Im „echten Elsässischen", also im Sprachgebrauch der älteren Generationen, wird die tüa-Umschreibung anders verwendet, und zwar ein bisschen wie die englische do-Konstruktion, z.B. wenn man Aussagen betonen will: Ar tüat jo schåffa = He does work!

permettiara ùn reffüssiara — erlauben & ablehnen

Die Zweisprachigkeit hat auch viele Entlehnungen verursacht. Die Zahl dieser Entlehnungen ist zwar hoch, wird aber oft überschätzt. Dilettantische Mundartforscher verwechseln nämlich oft „Codeswitching" und Entlehnung, was dazu geführt hat, dass die modernen Dialektwörterbücher eine Menge von kaum angepassten französischen Wörtern auflisten. Das hat leider keinen Sinn: auf der einen Seite, weil der durchschnittliche Dialektsprecher für diese Begriffe noch über wohlbekannte deutsche Bezeichnungen verfügt, auf der anderen Seite, weil diese

Entlehnungen der elsässischen Lautung kaum angepasst und daher leicht wiederzuerkennen sind. Wer ein französisches Wörterbuch zu Hause hat, braucht kein Dialektwörterbuch, um zu wissen, dass permettiara permettre, erlauben, elsässisch ärloiwa heißt.

Außerdem ist die Liste derartiger Entlehnungen praktisch endlos, denn der Anteil französischen Wörter im Gespräch eines „codeswitchenden" Elsässers (zwischen 10% und 80%) variiert je nach Sprecher und Situation.

Die Scheinentlehnungen sind aber, soweit wie möglich, von den wahren Entlehnungen, also denjenigen, die ihre deutschen Entsprechungen verdrängt haben, zu unterscheiden.

Elsässisch	Französisch	Deutsch
Plæsiar	plaisir	Spaß, Freude
åmbattiara	embêter	belästigen
kålmiara	calmer	beruhigen
schånschiara	changer	ersetzen
schikåniara	chicaner	Händel suchen
deschpattiara	disputer	streiten
reffüssiara	refuser	ablehnen, verweigern
sich trùmpiara	se tromper	sich täuschen
dessidiara	décider	beschließen, entscheiden
præssiart	pressé	dringend
Gåråschist	garagiste	KFZ-Mechaniker
s'Wello	vélo	Fahrrad

Ådvokåt od'r Anwalt?

Fremdwortkultur

S' ìsch doch schrecklig, wì d'Schwowa redda! Kä Wùnd'r!: das Hochdeutsche ist im wesentlichen eine Kunstsprache, die nicht zuletzt von sogenannten Puristen (Sprachpflegern) erzeugt wurde. Seit dem 17. Jahrhundert gibt es in Deutschland Sprachgesellschaften, die Fremdwörter, am Anfang hauptsächlich französische Wörter, seit dem 2. Weltkrieg überwiegend englisch-amerikanische Wörter, aus dem Deutschen zu entfernen suchen. Zu diesem Zweck wurden zum Teil alte germanische Wörter zu neuem Leben erweckt, vor allem aber Neubildungen eingeführt.

In Deutschland haben sich mittlerweile diese meist zusammengesetzten „Verdeutschungen" durchgesetzt, und werden auch von süddeutschen Dialektsprechern zumindest verstanden. Auch in Österreich und der Schweiz, wo der „Gehweg" und das „Krankenhaus" das Trottoir und das Spital nicht verdrängt haben, sind solche Neubildungen im Schriftdeutschen vorhanden; im Gespräch klingen sie zwar ein bisschen seltsam oder affektiert, sie benötigen aber keine Übersetzung.

Im Elsass hat dagegen der Purismus keinen Einfluss auf die Volkssprache ausgeübt. Wer in Schlettstådt oder in Zåw'ra eine „Fahrkarte" verlangt, wird oft auf belustigtes Staunen stoßen. Manchmal wird man trotzdem verstanden, entweder weil der Gesprächspartner ein wenig Hochdeutsch gelernt hat, oder weil ihm die Bestandteile der zusammengesetzten Neubildung, oder ihre elsässischen Entsprechungen bekannt sind: dass Lehrgang etwas mit lehra – lehren / lernen und mit Gång zu tun hat, liegt nahe. Mit Hilfe des Zusammenhangs kann der intuitive Elsässer daraus schließen, dass der Lehrgang etwas wie ein Kurs ist – was übrigens nicht ganz daneben ist.

Bei folgenden Wortpaaren, bei denen oft beide Wörter aus dem Hochdeutschen stammen, muss man darauf achten, dass nur das erste Wort im Elsass üblich und vor allem auch verständlich ist:

Presidænt	Vorsitzender
Ådvokåt	Anwalt
Spìtål	Krankenhaus
Minorität	Minderheit
realisiara	verwirklichen
profeziara	voraussagen
Bijä (billet)	Fahrkarte
Otto, **Wåja**	KFZ
Adräss	Anschrift
Projekt	Entwurf
Åutor, **Ottör** (auteur)	Verfasser
Dialekt	Mundart
s'Resultåt	Ergebnis
s'Partär, **s'Ùnta-nî**	Erdgeschoss
Repüblik	Freistaat

Åchtùng! Preïssa!

Die Preußen kommen!

Påss ùf, Preuße! Durch die folgenden Ausdrücke, die ein Elsässer niemals sagen würde, verrätst du dich gånz bstìmmt:

Elsässisch	Deutsch
...gæll?	... ja?
schåffa	arbeiten
daheim	zu Hause
heim	nach Hause
schùn	bereits
vùr åss, vùr ebb	bevor
liaw'r hån	bevorzugen
fer åss	damit
dær, dia (*betont*)	dieser, diese usw.
ebb'r, niam'r	jemand, niemand
fæja	kehren
d'Kìlb	Kirmes
s'Schisshüss, s'Kabbinnä (cabinet)	Klo
s'Kamjù (camion)	LKW
d'Kåpp	Mütze
långa, længa	reichen
schmecka	riechen
Dræck, dræckig	Schmutz, schmutzig
gånz, åårig, schrecklig	sehr
sich dùmmla	sich beeilen
reda	sprechen
d'r Wei'r	Teich

kehra *bedeutet „umdrehen"*

Witt vå Colm'r

Colmardeutsch und die anderen Mundarten

Wer sich nach Norden wagt, sollte wissen:

Nördlich von Colm'r wird das Meidla zum Meidl und das Kætzla zum Kætzl. Die Mehrzahl von der nördlichen Koseform Meidl und Kætzl ist Meidla und Kætzla, also identisch mit der südlichen Einzahl!

Nördlich von Kais'rschbarrig wird ch nach „e" und „i" wie im Hochdeutschen weich ausgesprochen (als „ich-Laut", gelegentlich auch wie ein „sch"). Den Zwielaut „oi" spricht man nördlich von Schlettstådt öi, öü oder öu aus.
„Sieh mal, da ist eine Frau!" klingt in diesem Landstrich also:

Nördlich von Will'r werden alle „-n" regelmäßig ausgesprochen. Desweiteren ist nördlich von Strossbùrrig und Zåw'ra die Vergangenheitsform von sìn (sein) nicht gsìn, sondern gwenn.

Nördlich von Zåw'ra und Håjanoi werden die alemannischen Zwielaute üa und ia allmählich von den fränkischen u und ìì verdrängt: Brud'r anstatt Brüad'r, Brìd'r anstatt Briad'r. Hier ähnelt der Dialekt eher dem Hochdeutschen als dem Schwitzertüütsch.

Nordöstlich von Zåw'ra, in Richtung Lothringen, sagt man Huss, Mus, Lus, du anstatt Hüss, Müs, Lüs, dü (Haus, Maus, Laus, du).

In der Regel, je weiter man nach Norden geht, je geschlossener, e-ähnlicher wird das æ ausgesprochen.

Hier einige andere Besonderheiten der nordelsässischen Mundarten im Vergleich:

Colm'rditsch	nördliche Mundart	
hesch, ar het	**håsch, er håt**	*du hast, er hat*
m'r/ ihr/ sa han	**m'r/ ihr/ se hånn**	*wir / ihr / sie haben*
ich wùrr	**ich werr**	*ich werde*
seisch, ar seit	**sååsch, er sååt**	*du sagst, er sagt*
Owa	**Åwet**	*Abend*
Mæntig, Zischtig ...	**Mæntå, Dìnschtå ...**	*Montag, Dienstag ...*
gheïa	**fålle**	*fallen*
d'Kìrp	**d'Kìlb**	*Kirmes*

Auch die Reise nach Süden bereitet Überraschungen: schon 15 km südlich von Colm'r und im hinteren Menscht'rtål sind noch alle „g", die im Norden überall zu einem „j" geschwächt worden sind, erhalten:

Måga	**Måja**	Magen
Wåga	**Wåja**	Wagen

Das „b" wird jedoch weiterhin geschwächt, nur südöstlich von Melhüsa, im Sundgau, also schon an der Dialektgrenze mit dem Schwitzertüütsch, tritt das „b" wieder ein in Formen wie:

obe	**owwa**	oben
gloibe	**gloiwa**	glauben

Es sei dazu noch darauf hingewiesen, dass das „a" am Wortende und innerhalb der Zwielaute üa, ia nur im Colm'rditsch selbst wie ein hochdeutsches „a" ausgesprochen wird. Ab Schlettstådt im Norden, und ab Melhüsa im Süden ist es eher ein schwaches, undeutliches „e" wie in „sagen": froje anstatt froja (fragen), Müett'r anstatt Müatt'r (Mutter).

„-nd" wird in den ländlichen Mundarten oft zu „-ng"; in der Stadt Colmar und in den umliegenden Dörfern sagt man zwar d'Hand (die Hand), hìnta (hinten), finda (finden) , im hinteren Münstertal hört man aber noch: d'Hang, hìng'na, fäng.

Krütt ùn Krütt

Elsässische Weisheiten

Jeder Landstrich hat seine eigenen Sprichwörter, so natürlich auch das Elsass!

Unbestreitbare elsässische Logik

S'Wåss'r loift nìt d' Barri nùff.
Das Wasser läuft nicht die Berge hinauf.

Wì d'r Åck'r, so d' Rüawa,
Wì d'r Vått'r, so d' Büawa.
Wie das Feld, so die Rüben,
wie der Vater, so die Buben.

Umgekehrt ìsch oi gfåhra.
Umgekehrt (gefahren) ist auch gefahren.

Krütt ùn Krütt ìsch zweierleï.
Kraut und Kraut ist zweierlei.

Wemm'r nùmma eini Glock lìtta heert,
heert m'r nùmma ein'r Ton.
Wer nur eine Glocke läuten hört,
hört nur einen Ton.

Dùrrrich s villa üssaloo wùrd s'Fåss læær.
Durch das viele Bierziehen wird das Fass leer.

Gatroff'ni Hend bælla.
Getroffene Hunde bellen.

Rahmbedingungen menschlischen Lebens

Ùmasùnscht ìsch d'r Tod,
ùn dær koschtt d'r s'Læwa.
Man kriegt nichts umsonst.

M'r müass üstùnka,
wås m'r sich îngabrockt het.
Wer A sagt, muss auch B sagen.

Ob ååarm od'r rich, d'r Tod måcht ålli glich.
Ob arm oder reich, der Tod macht alle gleich.

Vå da Märssi v'rrecka d' Hend.
Dankbarkeit allein nutzt nichts.

Ìm a jeda Nårr g'fållt sini Kåpp.
Jedem Narren gefällt seine Mütze.

... über die Gesellschaft

s'Ùnkrütt v'rgeht nìt.
Unkraut verdirbt nicht.

Wenn a Gåns gååxt, no gååxa ålli Gæns.
Wenn eine Gans gackert,
dann gackern alle Gänse.

Dæna vå Melhüsa ìschs egål
wenn d'Strossbùrj'r ìn d'r Rhî brùnza.
Denen (den Einwohnern) von Mülhausen ist es egal, ob die Strassburger in den Rhein ...

Liaw'r mìt da Glæs'r åstossa åls mìdda Käpf.
Lieber mit den Gläsern anstoßen
als mit den Köpfen.

... über Klassenfeinde

Mìt da Herra ìsch nìt güat Kìrscha æssa,
sa schmissa eim d'Stein ìns Gsìcht.
Mit den Herren isst man nicht gut Kirschen,
sie schmeißen einem die Steine ins Gesicht.

D'Kråppa pìcka anånd'r d Oiga nìt üs.
Die Raben stechen einander die Augen nicht aus.

Wo vill ìsch, wìll vill ånna.
Wo viel (Geld schon) ist, will (noch) viel hin.

Wer güat schmîrt, fåhrt güat.
Spendet und es wird euch gegeben.

... über sich selbst

Wås d'r Bür nìt kännt, fresst'r nìt.
Was der Bauer nicht kennt, frisst er nicht.

Wenn d' Müs sått ìsch, ìsch s'Mähl bìtt'r.
Satt die Maus, bitter das Mehl.

Wenn d'r Lùmp ùfs Ross kùmmt, ritt'rs kåpütt.
Wenn der Lump aufs Pferd steigt, reitet er es kaputt.

Nùmma d'tota Fìsch schwìmma mìt'm Strom.
Nur tote Fische schwimmen mit dem Strom.

Frånzeesch

Lokalfranzösisch

Die meisten unter 30jährigen Elsässer sprechen eher Französisch als Dialekt, und viele der unter 15jährigen sprechen selbst gar keinen Dialekt, sondern verstehen nur, was auf Dialekt gesagt wird. Das bedeutet jedoch nicht, dass überall das Hochfranzösische an Boden gewinnt. Die neue Sprache des einfachen Volkes ist Lokalfranzösisch, also Französisch mit elsässischem Akzent, elsässischen Wörtern und Fügungen. Wer neben dem Hochdeutschen nur Schulfranzösisch spricht, wird, zumindest am Anfang, Schwierigkeiten mit dieser Variante haben.

Ein auffallendes Merkmal des Lokalfranzösischen ist die Betonung der ersten Silbe eines Wortes, ganz im Gegensatz zur hochfranzösischen Betonung, die immer auf der letzten Silbe liegt.

Die (Pariser) Aussprache der französischen Beispiele wird durch die deutsche Schrift wiedergegeben. Dabei muss man darauf achten, dass ã ein nasales „a" wie in Fr<u>a</u>nce bezeichnet und õ ein nasales „o" wie in b<u>o</u>njour.

Die Regeln der Dialektlautung sind auch auf das Lokalfranzösische anwendbar. „b", „d", g" unterscheidet man kaum von „p", „t", „k": égoutter (abtropfen lassen) und écouter (anhören) sind in dieser Variante des Französischen gleichlautend. Manchmal gelingt es dem Sprecher jedoch, solche Wörter mündlich zu unterscheiden, indem er das Wort, das schriftlich mit „b", „d" oder „g" endet, länger ausspricht als das mit „p", „t" oder „k". So kann man zwischen ünn Blaag une blague – ein Witz und ünn Blagg une plaque – eine Platte unterscheiden.

Der Wortschatz des Lokalfranzösischen besteht mehrheitlich aus französischen Wörtern, aber auch aus „französisierten" elsässisch-deutschen Wörtern:

Lokalfranzösisch	Elsässisch	Deutsch
la chtouppe (**stupp**)	**Stùbb**	Stube
chmuser (**schmüsee**)	**schmüsa**	kuscheln
chpritser (**sprizee**)	**sprìtza**	bespritzen
la chire (**schir**)	**Schîr**	Scheune
la sippe (**sipp**)	**Sipp**	Sieb

Viele dieser Wörter sind alte französische Wörter, die im heutigen Hochfranzösischen etwas anderes bedeuten. Aus dem Dialekt, wo sie erhalten blieben, sind sie wieder ins Lokalfranzösische mit ihrer ursprünglichen Bedeutung eingeströmt: plümmo – le plumeau bedeutet auf Hochfranzösisch „Federwisch", auf Lokalfranzösisch „Federbett" (édredon).

Dazu gibt es noch Wörter, die eigentlich in keiner Beziehung zum Dialekt stehen, aber nur im Elsass üblich sind wie nillõ – le nylon, „die Plastiktüte", was anderswo in Frankreich sac, sachet oder poche heißt.

Vor allem der Satzbau ist wie im Deutschen : „reparieren lassen“ heißt im Lokalfranzösischen laisser réparer. Im Hochfranzösischen sagt man faire réparer, buchstäblich „reparieren machen“.

Si elle mancherait pas tellement, elle courrait plus vite.
(Si elle mangeait moins, elle courrait plus vite.)
Wenn sie nicht so viel essen würde, würde sie schneller laufen.

Auf Hochfranzösisch ist die -rai-Form des Zeitworts, die „Möglichkeitsform“, nach si „wenn“ verboten. Das gilt natürlich nicht für das deutsche „wenn“ und die entsprechenden Möglichkeitsformen, daher auch nicht für den lokalfranzösischen Satzbau.

Il a touchours aidé à son père.
(Il aidait toujours son père.)
Ar het ìmmr ìn sim Vått'r gholfa.
Er hat immer seinem Vater geholfen.

Das à im lokalfranzösischen Satz entspricht dem elsässischen ìn, vor der Person, der geholfen wird.

Die einfache Vergangenheitsform gibt es im Dialekt nicht, so beschränkt sich auch das lokalfranzösische Zeitwort auf eine zusammengesetzte Vergangenheitsform.

Einige Ortsnamen

Elsässisch	Deutsch	Französisch
Bænfæld	Benfeld	Benfeld
Bitsch	Bitsch	Bitche
Bùckanùm	Bockenheim	Sarre-Union
d'Vogesa	die Vogesen	les Vosges
Elsess	Elsass	Alsace
Fìnschtìng	Finstingen	Fénétrange
Gæwill'r	Gebweiler	Guebwiller
Håjanoi	Hagenau	Haguenau
Kaiserschbarrig	Kaisersberg	Kaisersberg
Colm'r	Colmar	Colmar
Melhüsa	Mülhausen	Mulhouse
Mellbå	Mühlbach	Muhlbach
Menscht'r	Münster	Munster
Molsa	Molsheim	Molsheim
Ow'rnaa	Ober-Ehnheim	Obernai
Råpschwîr	Rappoltsweiler	Ribeauvillé
Rhîn	Rhein	Rhin
Såårbùrrig	Saarburg	Sarrebourg
Såårgaminn	Saargemünd	Sarreguemines
Schlettstådt	Schlettstadt	Sélestat
Seltz	Seltz	Seltz
Sood'rnå	Sondernach	Sondernach
Strossbùrrig	Strassburg	Strasbourg
Terrika	Türkheim	Turkheim
Thånn	Thann	Thann
Will'r	Weiller	Villé
Wìnz'na	Winzenheim	Wintzenheim
Wissebùrri	Weissenburg	Wissembourg
Zåw'ra	Zabern	Saverne

Wer ist wer?

Die seit einem Jahrhundert ununterbrochene Beliebtheit des Dialekttheaters ist unglaublich. Die vor allem in der Winterperiode tätigen Theatervereine führen sowohl Klassiker wie G.D. Arnold oder G. Stoskopf als auch neue Stücke auf, die sie manchmal selber schreiben. Improvisation und Interaktion mit dem Publikum spielen eine große Rolle. Sehr empfehlenswert sind die Aufführungen in Roger Siffers Kabarett La Choucrouterie in Strossbùrrig, der Mülhauser Herre-n-Owa, Jean-Marc Gæbeles Schwänke in Mellbå und der Klimbimsklub in Finschtìng mit dem „Finstinger Woody Allen“, namens Walter Frantz.

beschti Liad'rmåcher

Roger Siffer, der bekannte Minnesänger aus dem Weillertal, besitzt sein eigenes Dialekttheater in Strassburg, La Choucrouterie, 20 rue Saint-Louis. Besonders ihm ist es gelungen, fern von den Fadheiten einer touristisch vermarkteten Folklore ein freches, echt elsässisches Chanson zu schaffen.

R. Engel singt meistens schöne tiefsinnige Lieder. Seine Platte Schatteliecht (1976) ist absolut unumgänglich.

Der Strassburger *R. Egles* hat viele Gedichte von André Weckmann in Musik gesetzt. Witzig und engagiert.

Alle diese „Liedermacher“ haben sich als Umweltschützer und Heimatrechtler engagiert und wurden in den 70er und 80er Jahren durch ihre Lieder sehr bekannt.

Literaturempfehlungen

Wörterbücher

Das beste Wörterbuch von Martin und Lienhart ist schon 93 Jahre alt; es ist nur in größeren Bibliotheken zu finden. Das jüngste, im Buchhandel noch erhältliche dreisprachige Dialectionnaire von Guizard, ist bei weitem nicht so gut: es besteht aus allgemein verständlichen französischen Wörtern; echte elsässische Ausdrücke werden chaotisch angeführt.

Grammatik, Lehrbücher usw.

Die Dialektrenaissance, die gleichzeitig in Deutschland und in Frankreich stattgefunden hat, hat auch im Elsass eine Welle der Mundartforschung ausgelöst. Die Bücher dazu sind leider meistens auf Französisch verfasst. Eine schöne Ausnahme bilden die Bücher von *Raymond Matzen*, die auf großem Wissen beruhen und trotzdem allgemein lesbar sind.

Volkskunde, Heimatrechte usw.

V. Beyer (Hsgb.), Elsässische Volkslieder 1926, Frankfurt/M, Moritz Diesterweg.
J. Lefftz, Elsässisches Volksleben am Jahresanfang 1973, Strassburg, Culture alsacienne.

Roger Siffer, Alsace/Elsass ou: à chaque fou sa casquette et à moi mon chapeau 1979, Paris, J.C. Lattès (auf Französisch).
F. Hoffet, Psychanalyse de l'Alsace 1973, Colmar, „Alsatia Poche“ (auf Französisch).

Dialektliteratur

Adrien Finck, Littérature alsacienne du XXe siècle/ Elsässische Literatur 20. Jahrhundert 1990, Strassburg, Salde (zweisprachig).
Elsassisch reda 1978, Strassburg, Association J.-B. Weckerlin: Anthologie der zeitgenössischen Dialektdichter.
Und vor allem:
Louis Schittly , Näsdla, Hortus Sungoviæ, 1978 (zweisprachig). Der beste elsässische Roman.

Wörterliste

Hier sind alle Stichwörter noch einmal alphabetisch zusammengefasst. Die Zahl hinter den Einträgen verweist auf die Seite, auf der man den entsprechenden Ausdruck findet.

A

ååríg 89
åårm 24
äckaofa 63
ådje 50
Adräss 88
Ådvokåt 88
Ænk'lkìnd'r 52
Æpfl 25
æssa 36
æw'r 61
åls 38
åmbattiara 86
amol 38
ån 33
ångsoffa 73
ånschtått 29
ånstått 29
ar 38
aredd, 17
ärìnn'ra 42
ärklära 42
ärledigt 42
ärloiwa 42, 86
arüss 14, 64
arüssfræssa 62
Årweit'r 24
Årwet 24
Årwet'r 24
åss 30
åss'r 57
awæggmåcht 42
åwirro 63
äxküsiara 50
äxküsiarsch 50

B

bääb'rt 74
Båbbl'r 71
bäbra 62
båcha, 54
båcka 69
Bådwånn 59
Bådzìmm'r 59
bælla 39
bæmb'lig 80
bæsch'lt 58
Bajess 75
Bajess-Rul 72
baliabt 77
bånk'rt 53
bånkrùtt 24
barri 93
baschta 51
beesi 42
Behn 23, 59
beilîsa 59
beschta 38
bì 28, 33
Biawala 53
Bibbl 53
bidd'r 51
bijä 88
bìn 28
binånd'r 49
bìrschta 30
bìsch 37
bissa 80
bìssla 14, 21, 37
bìtt 59
Biw'rschwånzziajla 59
Blaag 98
Blagg 98
bleed 67
blîsch 30
Boda 83
boia 84
bolla 80
bræcha 42, 80
bråta 64

Breck'lech 78
Brüad'r 33
brücha 47
brùnza 80
bschulumt 25
Büa 28, 53
Büawa 14, 53
Büawaschmekra 75
Bücha 54
Büchweh 80
Bür 96
Bùrwla 80
Buschur 14
Buschur 49
Bùtt'r 35

C

Chilche 18
Chìnd 18
Colm'rditsch 27

D

d'rbî 68
d'rnoh 64
d'rvån 44
dæm 33
dænka 39
dær 25
Dåmpfnüdl'r 41
dazüa 64
deerft 40
derftigd 40
dermlig 80
deschpattiara 86
Dessär 63
dessidiara 86
Dìlaboda 59
dini 31
Dinnollo 25, 82
Ditschfrånzeesch 50
Ditschi, 45
do 30
dod'rfer 74
Dokt'r 47
Dræck 77, 89
Dræckeim'r 59
dræckig 89
Dræckseckl 70
Dressi 34
dü 30
Dùddl 71
Dùmmla 89
Dùnd'rwætt'r 70
Dùrrichfåll 80

E

ebb'r 89
ebbs 36
eich'r 61
ekschpliziara 42
elænd'r 71
Elssæss 14
Elssæsser 14
êrbìtt'rt 42
erwa 41
esch 18

F

fåds 63
Fæj'r 75
fæja 89
færna 55
Fæscht 30
fåhra 80
fåscht 30, 42
fer(t)ig 30
Fîrowa 74
Flåmmküacha 63
Flåttiar'r 70
Fliaja 68
Foddäll 59
Fræsssåck 70
Frånka 57
Friaj 47
Friaj'r 64
Frîs'r 59
froi 51
Fülæns'r 70
füli 25
fütti 22
Fùtz 69
Fùtzl 70

G

gaa 34, 77
gååxt 95
gabåbb'lt 14
Gabolla 39
gadænkt 38-39
gæb 40
gæll 15

Gællrüawa 56
Gænsaknepfla 64
gærn 37
gåffa 31
gagånft 25
Gåggl 71
gamåcht 38
Gång 59
gånga 28, 38
Gångscht'r 81
Gåråschist 86
garedd 17
gareichts 65
Gårta 58
gatræta 57
gatt 31, 40, 41
gattsch 40
gawæscht 39
geddl 53
gehn 28
Geiss 61
geja 73
gescht 55
gescht'rt 55, 80
Gigges 25
gìschs'm 30
gloo 39
Glüwes 57, 81
gmiatlig 83
Gogùmm'r 56
Gojim 25
Græssa 61
Gråmåmå 52
Gråmpfa, 82
Gråpåpå 52
Griasspflùtta 63
groiss'r 67
Grossa 82
Grosselt'ra 52
Grüass 51
gschåffa 39
gschee 50
gschnìtta 39
gschoit 23
gschonna 39
gsìn 38
gsìn 38
gstrooft 30
gsùnd 79
Güat 41
Güata-n-Owa 49
GüatNåcht 50
Güll'r 61
gùnna 83
gùrrigla 62
gwìsst 39

H

hærgloffn'r, 21
Hærzschlåj 80
hæssiga 68
hættsch 41
Håfa 76
Håhna 61
Haischræck 61
Hålschweh 79
hån 41
hånn 28
Härn'r 77
Härnla 56
Hartepfl 56
Hartepfltætschla 63
Harwa 72
håsst 33
heila 79
heim 35
hekscht'ns 73
henicht 27, 55
het 25
hetm'r 58
hewa 39
Hiahn'rvojl 61
hìtt 55
Hochtöutsch 14
Hochzitt'r 53
hochzittra 53
hoi 30
Holzepfl 53
Hosasæck 68
Hüahn 56
Hüarafoil 75
Hùnnsmåja 70
Hüss 59, 83

I

ich 14
ìm 19, 22
ìmm 61
ìn 33
ìnbîga 62
Indischestion 79
ìnstopfa 62
ìsch 22, 24, 30
ìsch 24

Ìw'rnåmma 48, 54
ìwr 44

J

jeter 14
jetz 30
Jips 76
jo 14
Johr 40
Jùmf'r 53

K

kä 25, 47
Kabbinnä 89
Kåch'lofa 59
kæma 41
kænscht'r 59
Kæs 64
Kæsknepfla 63
Kalle 53
Kålloims 25
kålmiara 86
Kåmîn 59
Kamjù 89
Kåmmr 42
kän'r 44
Kåndidåt 68
kånn 14
känna 42
Kåpp 89
Kåppalæzz 71
Kåt'r 61
Kåtzaroll'r 61
Kenjala 61
kenna 41
Kerich 18, 83
Kersawåss'rla 65
khææm 31
Khüa 31
Kiacha 64
Kiahlschrånk 59
Kìlb 64, 72
Kìlwajæscht'r 68
Kìnd'r 34, 52
Kìnn 52
Kìnnskìnd'r 52
Kìnskìnn 52
Kìnskìnn 52
Kischt 74
Kleid'rhoka 59
koif 51
Korbmàch'r 81
kotza 80
krænklig 79
Krånk't 42, 79
Kråppa 96
Kriajala 76
Krizott'r 61
Kroppakopf 61
Krütt 56, 93
Küacha 85
Kuafför 84
Kùch 59
Kùcha 59
Kùchakåschta 59
Kùjlhopf 63
Kültür 63
kùmma 41
kùmmsch 30
Kussä 53

L

Lændl 25
længa 89
lång 30
långa 89
Låttahüar 75
leessän 14
leffla 62
lehra 88
Lejja 78
Liabscht'r 53
Liabschti 53
liaw'r 89
lìtta 93
Loich 56
Lölli 81
loo 80
lossa 39
Lowi 57, 81
Lüad'r 70
lüaja 64
Lùmpaseckl 70
lüsch'r 61

M

Määr 22
måchsch 30
måcht 19
Måcka 25
Måddlän 65
Mænn'r 27
Mæss'r 68
Mæss'rstìchtångo 68
Mähl 96

Måja 32
Mamama 52
manichmol 42, 48
månisch 82
Månn 16, 35
Mårixla 81
Märra 70
Märssi! 50
Märssisåja 50
maschugga 25, 71
Massutt 22
Massuttofa 22
Måttschræck 61
Meidala 53
Meidla 14, 53
Meidlaschmeck'r 75
meinän 14
meischti 73
mejlig 78
Menscht'r 12
miad 42
miascht 41
miaschtigd 41
miaschtigschs 30
mini 41
Minorität 88
Mìscht 29
miseråbl'r 63
Mist 29
Mìttåj 55
modærn 63
Morja 49
Morn 49
Müatt'r 34
Mùck 60
mulo 82
Mùmmes 57
Mumpf'l 62
Mùmpfla 62
Mùnni 61
Müs 96

N

nå 58
Nååchtìschla 59
nådræja 62
Nææcht 55
Næjkerwla 59
nækschta 40
nåh 33
nåschåffa 62
nemm 18
niam'r 89
niasa 79
nillõ 98
nischt 14
nìtamol 44
Njäss 53
nondabùckl 70
nondadje 70
Nöwwö 53
nüa 41
nüasch 34
nùmma 96

O

Ohra 95
oi 30, 51
Oiga 64
Oigadokt'r 47
Omma 52
Ool 30
Orwuar 49
Otto 22, 88
Ottör 88
Owa 55

P

Papapa 52
Pappijjo 61
Pardo 50
Partär 88
permettiara 85
Pfätt'r 53
Pfend'rla 56
pflùtt 73
pfùrza 80
pìcka 62
Plæsiar 58, 86
Plümmo 98
Polizeï 27
Pottoffö 64
præssiart 86
Preïss 14, 21
Presidænt 88
profeziara 88
Projekt 88
prowiara 44
pukka 82
Pullee 56
Pùmpjerfæscht 68
Pùrrått 56

Q

Quætscha 56

R

Rååd 28
Radjatör 59
Ræbmæss'r 69
ræjt 58
Rætsch(wîb) 71
rånschiara 69
Rånzaweh 80
rårs 21
Rått 28
realisiara 88
reda 89
redda 31
reffüssiara 85, 86
Repüblik 88
Reschbægd 31
Reschpækt 31
Resultåt 88
Riggo 59
Roigabræj'lti 65
Roim 56, 63
Ross 61, 96
Rotwîn 63

S

Sååtrall 84
sæhn 28
sællamols 43
sælw'r 48
Sæssl 59
såja 40, 50
Sålætl'r 64
Sålü 49
Särwilla 65
Såttån 70
Schååd'r 17, 53
Schåb 61
Schær'r 61
Schærmüs 61
schåffa 39
Schåndårma 73
Schång 30
schånschiara 86
Schåwa 61
scheen'r 50
Schiggo 56
schikåniara 86
schinna 39
schîr 59, 98
Schiråff 71
schiss-egål 38
Schisshüss 89
Schlåj 80
Schlätzg'r 81
schlofa, 40
schlucka 62
Schmærza 79
Schmætt'rlìng 61
schmecka 89
Schmul 72
Schmüs'r 70
schmüsa 98
Schmüsnåmma 48
Schmùtz 77
schnæll 42
Schnæpsla 62
schnåpsa 62
Schnîda 39
schnizza 79
Schnook 60
Schnookaloch 60
Schnùffl'r 71
Schnüppa 79
Schockolågadånka 75
schoia 64
schpåra 29
schrecklig 89
Schtånd 29
Schùld 34
Schüfl 59
schùn 30, 31, 73, 89
schùnsch 30
Schwælmala 61
Schwäj'rlitt 53
Schweschtʼr 29
Schwest'r 29
Schwiag'rmüatt'r 41
Schwitz 18
Schwobb 14
Schwowa 45, 87
seini 19
seisch 51
Seppi 12
sim 33
sìn 41
sin'r 33
sìngt, 16
sini 19
Sìnn 28
Sipp 98
Sohn 33
Sohnsfroi 53

Sohnsmånn 53
soidùmm, 67
Soikewl 70
sota 42
Sott 41
sottigd 41
Spæckküacha 63
Spængl'r 70
Spåra 29
Spåtz 61
Spital 87-88
Spìtzbüa 69
Spoot 78
Sprooch 14, 31
ssolltän 14
Ståch'ldroht 29
stæ 59
stæhla 82
stærwa 41
Stånd 29
Steckla 63
Stiahl 68
Storrik 60
stripsa, 82
Stùbb 59
stüdiara 44
stùr'r 21
Süff'r 37
Süffa 62
Süffbîl 74
Süffkùtt'l 74
Süfflùm'r 76
Sùmm'r 83
Sùnn 30, 83
Sùnntignåmma 48
Sùpp 34, 64
Sùppapåschteetla 64
Sürkrütt 37
Süweckla 65

T

Tåj 58, 95
tåppig'r 71
Tåss 14
tätt 40
Teïfl 57
Tiar 35
tie 14
tîr 82
Tìsch 83
Tocht'rfroi 53
Tocht'rmånn 17
Tolla 71
Tråmin'r 37
trìnka 36
Trottoir 87
Trottuara 75
Trottuarmeidl'r 75
trùmpiara 86
Tschåwollo 82
Tschent'lmånn 82
tschora 25, 82
tüa 85
Türt 65

U

ù 30
ùf 38
ùfschåffa 62
ùmasùnscht 94
ùnk'l 54
ùnkrütt 95
ùns 25
ùns'r 25
ùnta-nî 59, 88
ùppapåschteetl'r 64
üsgadùrrt'r 63
üssaloo 93
üstùnka 94

V

v'rzehl 42
v'rdrùcka 62
v'rfrora 42
v'rkålkti 80
v'rkelta 79
v'rliabt 77
v'rrænga 80
v'rreckts 41
v'rrùckt 71
v'rschìssa 67
v'rstücha 80
v'rwìtscht 42
vå 33
Vått'r 53
villmols 50
vùr 30, 33

W

Wåckes 70
Wadala 56
Wådl 57
wæj 75
wæja 33

Wælsch'r 21
Wændala 61
Wæra 41
wærklig'r 71
Wæscha 39
Wæschlùmpa 59
Wæschpl 61
wæscht 58
Wåja 88
wås 30
Wäschùffhænk 59
Wåss 14
Wåss'rstein 59
Weh 79
Wei'r 89
weisch 37
wi(n) 28
Wiascht 67
Wîb 35
wìdd'r 41
Wîlla 38
Wìrtshüss 19
wìssa 36, 39
wisset 18
Wisswîn 73
witt 18, 51
witt'rsch 48
Wîwala 54
Woj 59
Wora 58
Wüat 68
wùrsch 30

Z

z'füass 28
z'Gügges 24
Zæpfla 80
Zåhnårzt 47
Zåmmakùmma 47
Zåw'ra 19
Zeïn 81
Zeïnamàch'r 81
Zeïnes 72, 81
Zeitungän 14
Zewla 63
zìmp'rlig 79
Zitt 19
zvill 37

Der Autor

Raoul Jean Nicolas Hånsnikl Weiss, 1975 in Zåw'ra geboren, ist Spanischlehrer. Ihn kennen Sie vielleicht nicht, aber sicher seine Oma, denn ihr gehörte die Bierstube „Zur weißen Taube" in Fìnschtìng, und auch seinen Opa selig, der spielte Klarinette im Musikverein.

Seine Eltern haben Französisch mit ihm gesprochen, um ihm die „Sprachvereinheitlichungsohrfeigen" zu ersparen, die sie selbst in der französischen Schule erlitten haben. Vergebens, denn daheim im Dorf waren Großeltern, Breet'lech backende Tanten und Rotznås tragende Fischkameraden ... Mit 17 Jahren und einer Flasche Schnåps im Rucksack fuhr er nach Paris, um Sprachwissenschaft zu studieren, danach nach Madrid, nach Cluj (Rumänien), und letztens nach Berlin, wo seiner Oma zufolge „das wahre Deutsch gesprochen werde!". *„Aba det is noch wat anneret..."*